Michael Schaaf

Vertrauensarbeitszeit und Home-Office - Warum überhaupt arbeiten?

Zur Motivation von Erwerbspersonen in entgrenzten Arbeitsverhältnissen

Diplomica Verlag GmbH

Schaaf, Michael: Vertrauensarbeitszeit und Home-Office. Warum überhaupt arbeiten? Zur Motivation von Erwerbspersonen in entgrenzten Arbeitsverhältnissen. Hamburg, Diplomica Verlag GmbH 2014

Buch-ISBN: 978-3-8428-9627-7
PDF-eBook-ISBN: 978-3-8428-4627-2
Druck/Herstellung: Diplomica® Verlag GmbH, Hamburg, 2014

Bibliografische Information der Deutschen Nationalbibliothek:
Die Deutsche Nationalbibliothek verzeichnet diese Publikation in der Deutschen Nationalbibliografie; detaillierte bibliografische Daten sind im Internet über http://dnb.d-nb.de abrufbar.

Hermannstal 119k, 22119 Hamburg
http://www.diplomica-verlag.de, Hamburg 2014
Printed in Germany

Inhaltsverzeichnis

1. Einleitung

„Wir mussten Leuten schon den Firmenschlüssel wegnehmen, um sie von der Arbeit rund um die Uhr abzuhalten" (Tinner 2010: 17f. in Krause et al. 2012: 191).

Dieses Zitat weist darauf hin, dass sich Erwerbsarbeit und das generelle Verhältnis gegenüber Arbeit über die Jahre verändert haben. Klassische Theorien zur Arbeitskraftnutzung, speziell zur Lösung des sogenannten Transformationsproblems, verlieren infolgedessen an Bedeutung und neue Theorien erfahren mehr Beachtung.

Der Begriff des Transformationsproblems von Bravermann (1980) beschreibt die Problematik, dass Unternehmen mit der Einstellung von Mitarbeitenden nicht eine eindeutig vertraglich definierte Arbeitsleistung erwerben. Stattdessen kaufen sie für bestimmte Zeiträume das Arbeitspotential Arbeitender. Der ökonomische Akt des Kaufs von Arbeitskraft garantiert daher nicht die gewünschte Arbeit. Um die potentielle Arbeitskraft der Erwerbspersonen in erforderliche Leistung zu transformieren, müssen zusätzlich zur Entlohnung organisatorische Maßnahmen zur aktiven Steuerung und Überwachung der Arbeitstätigkeiten getroffen werden (Voß, Pongratz 1998: 136ff.).

Traditionelle Konzepte der Arbeitskraftnutzung des Taylorismus und Fordismus versuchen durch starre Kontrolle und Überwachung der Arbeitstätigkeiten das Transformationsproblem zu lösen. Solche Arbeitskonzepte stellen eine Mindestbereitschaft der Arbeitenden sicher, indem sie durch eine strenge betriebliche Überwachung gezwungen werden, die Arbeitstätigkeit im Sinne des Unternehmens auszuführen. Steigende Nachfrage und die zunehmende Globalisierung setzen Unternehmen vor die Herausforderungen die vorherrschende Produktivität zu steigern. Tayloristische und fordistische Methoden der Arbeitskraftnutzung erweisen sich diesbezüglich als ungenügend, weil weitere Kontrollverschärfungen überproportionale Kosten erzeugen, die Leistungsbereitschaft der Arbeitenden weiter begrenzt wird und der Zugang zu den Fähigkeiten der Arbeitenden, schnell und kreativ auf komplexe Anforderungen zu reagieren, verhindert wird (Voß, Pongratz 1998: 138). Ein neueres arbeitssoziologisches Konzept, welches diese Probleme berücksichtigt, ist das der Subjektivierung von Arbeit, das gleichzeitig die Grundlage entgrenzter Arbeitsverhältnisse darstellt.

Subjektivierung von Arbeit beschreibt die beidseitige Reaktion von Arbeitnehmenden und Arbeitgebenden auf eine zunehmende Produktivitätssteigerung. Betriebliche Veränderungen der Arbeitsformen und eine Erweiterung der relativen Autonomie der Beschäftigten verlagern die Transformation von Arbeitspotenzial in tatsächliche Arbeitsleistungen auf die Arbeitenden selbst. Diese richten in gleichem Maße neuartige subjektive Ansprüche an die Arbeit, um ihren eigenen Fähigkeiten und Selbstentfaltungswünschen geltend zu machen.

Klassische Arbeitsverhältnisse werden diesen Ansprüchen immer weniger gerecht. Sowohl betriebliche Ansprüche der Produktivitätssteigerung, als auch subjektive Geltungsansprüche führen zu einer Veränderung der Arbeit, der sog. Entgrenzung der Arbeit. Arbeitsverhältnisse werden in ihren wichtigsten Dimensionen aufgelöst. Festgelegte zeitliche Regelungen werden zu vagen Vereinbarungen, gleichermaßen wird der Ort der Arbeitsausführung unwichtiger; von höchstem Interesse ist nur ein hochwertiges Endprodukt.

> *„Jung zählt auf das ‚volle Commitment' der ganzen Belegschaft und meint selbstkritisch, man funktioniere teilweise fast wie eine ‚Sekte': ‚Wir mussten Leuten schon den Firmenschlüssel wegnehmen, um sie von der Arbeit rund um die Uhr abzuhalten. […] Wir arbeiten überdurchschnittlich viel […] und wir nehmen Erfolg und Misserfolg immer noch persönlich', fasst Jung die Philosophie zusammen. Wenn man Marktführer sei, müsse man jede Chance wahrnehmen. […] Nach relativ vielen schlaflosen Nächten bin ich wohl körperlich älter als Gleichaltrige'"* (Tinner 2010: 17f. in Krause et al. 2012: 191).

Dieses Zitat eines Firmenmanagers zeigt auf, dass neuartige Mechanismen wirken und dass das traditionelle Verhältnis zwischen Arbeitgebenden und Arbeitnehmenden bzw. generell das Verhältnis zwischen Individuen und Arbeit in einer neuen Art und Weise stattfindet. Es wird auf die Bereitschaft der Mitarbeitenden vertraut und diese zahlen Verantwortung und Vertrauen mit hohem Einsatz und Leistungen zurück.

Auf der anderen Seite verweist die Äußerung von Jung (Tinner 2010) auf die Folgewirkungen der neuen Arbeitskraftnutzung. Erfolg wird immer wichtiger, Misserfolg immer fataler, wodurch Arbeitende neuartige Beanspruchungen bei der Arbeit erfahren und diese in zunehmender Zahl negativ bewerten.

Diese Arbeit soll die Frage klären, was Menschen in entgrenzten Arbeitsverhältnissen motiviert. Dazu wird zunächst das Phänomen der Subjektivierung von Arbeit erläutert, die wie bereits erwähnt eine Voraussetzung für das zu betrachtende Phänomen darstellt.

Dabei wird sowohl die Notwendigkeit der subjektiven Anpassung auf betriebliche Veränderungen dargestellt, als auch das Interesse des Arbeitenden berücksichtigt, seine Individualität in die Arbeit miteinzubringen. Als Folge der Subjektivierung wird der Arbeitskraftunternehmer als ein möglicher gesellschaftlicher Typus einer subjektivierten Arbeitskraft analysiert. Dazu werden die drei Dimensionen der neuen Form der Arbeitskraft skizziert, um den neuartigen Charakter zwischen Mensch und Arbeit zu verdeutlichen. Eine anschließende Kritik am Typus des Arbeitskraftunternehmers soll zeigen, dass eine solche Typenbildung wichtige Punkte vernachlässigt und aufschlüsseln, um welche es sich handelt. Daraufhin wird das Phänomen der Entgrenzung von Arbeit dargestellt. Betriebliche und subjektive Veränderungen führen demnach zu neuartigen Arbeitsverhältnissen, die sich durch den Begriff der Entgrenzung kennzeichnen lassen.

Innerhalb der Theorien einer Subjektivierung und Entgrenzung von Arbeit werden ambivalente Folgewirkungen für die Arbeitenden genannt. Diese werden zunächst aus den Theorien entsprechend dargestellt und anschließend mit aktuellen Forschungsergebnissen ergänzt. Anhand des Grundgerüsts ambivalenter Folgewirkungen von Entgrenzung von Arbeit, werden arbeitspsychologische Ansätze herangezogen, um das Verhalten von Individuen in entgrenzten Arbeitsverhältnissen zu erklären. Die Konzepte der Arbeitsmotivation, Arbeitszufriedenheit, Belastung und Beanspruchung, als auch Identifikation und Commitment werden theoretisch dargestellt und auf entgrenzte Arbeitsverhältnisse bezogen.

Diese Verbindung arbeitspsychologischer Theorien mit dem Phänomen der Entgrenzung soll eine mögliche Erklärung für motivationales Arbeitsverhalten darstellen.

2. Subjektivierung von Arbeit

Unter dem Begriff Arbeit wird eine Tätigkeit verstanden, „durch deren Ausführung der oder die Arbeitstätige zur Schaffung materieller oder immaterieller Werte für sich und/oder andere beiträgt" (Ulich 2001: 1 in Gloger 2008: 32). Von besonderer Bedeutung ist, dass Arbeit heutzutage eine zentrale Rolle des Lebens darstellt und auf all dessen Bereiche ausstrahlt (Gloger 2008: 38).

Unter Subjektivität wird ein „wandelbares Produkt der Verbindung zwischen Person und Gesellschaft [verstanden], das die Person in ihrer sozialen Umwelt positioniert" (Moldaschl, Voß 2003: 61). Subjektivität beschreibt zum einen das Verhältnis eines Individuums zu sich selbst, als auch zu seiner Umwelt (Schimank 1986: 71). Diese Relation wird in ständiger Auseinandersetzung mit den individuellen äußeren Gegebenheiten hergestellt, indem sich Individuen zu Anderen in bestimmten Relationen verorten und von diesen zugleich verortet werden (Mead 1973 in Moldaschl, Voß 2003: 61).

Subjektivierung von Arbeit wird als „Intensivierung von individuellen, d.h. Subjektivität involvierenden Wechselverhältnissen zwischen Person und Betrieb bzw. betrieblich organisierten Arbeitsprozessen [verstanden]“ (Moldaschl, Voß 2003: 62). Thematisiert wird die Relation zwischen den subjektiven Leistungen, Fähigkeiten, Sinndeutungen und Einstellung einer arbeitenden Person und ihrem betrieblichen Arbeitsplatz und dessen Anforderungen an die Arbeitskraft (Kleemann et al. 1999: 2). Erwerbsarbeit unterliegt dabei einem doppelten Subjektivierungsprozess. Einerseits sind es veränderte betriebliche Strukturen, die zur Produktivitätssteigerung notwendig sind, die den funktionalen Bedarf an subjektiven Leistungen und Fähigkeiten der Arbeitenden erhöhen. Es wird qualitativ und quantitativ mehr Eigenständigkeit der Individuen gefordert (Kleemann et al. 1999: 2). Zudem äußert sich der doppelte Subjektivierungsprozess, dadurch, dass Individuen verstärkt subjektive Ansprüche an die Arbeit herantragen (Moldaschl, Voß 2003: 62).

Subjektive Leistungen haben mit dem Wandel der Erwerbsarbeit und der Abkehr von tayloristischen Arbeitsprinzipien an Bedeutung gewonnen. Im Taylorismus wird der Arbeitende als notorischer Faulenzer betrachtet, den es zu kontrollieren und disziplinieren gilt. Dieser Rationalisierungsprozess hat zur Folge, dass die Arbeitsaufgaben von betrieblicher Seite eindeutig festgelegt sind und die Art der Ausführung stark standardisiert ist. Die subjektive Leistung der Arbeitenden wird somit bedeutungslos und allein die Ausführung der Tätigkeit anhand der Vorgaben wird als hinreichend zur Erfüllung der Arbeitsziele angesehen (Kleemann et al. 1999: 5). Durch die Globalisierung und die Tatsache, dass sich Unternehmen einem steigenden Wettbewerb ausgesetzt sehen, wird es notwendig, Kosten abzubauen und sowohl die Produktivität, als auch die Qualität zu steigern (ebenda: 10). Die daraus resultierende Konsequenz liegt in neuen Strategien der Arbeitskraftnutzung, die auf die Ausschöpfung des gesamten Arbeitspotenzials der Arbeitenden abzielen (ebenda: 10f.). Anstelle von Detailarbeit und starren Strukturvorgaben wird eine aktive Eigenstrukturierung der Arbeit gefördert. Insgesamt werden zur vollkommenden Ausschöpfung des Potenzials der Arbeitenden, Verantwortlichkeiten und Handlungsspielräume der Arbeitenden erhöht, das heißt eine Erweiterung der relativen Autonomie mit der einhergeht, dass in allen Bereich der Arbeit (zeitlich, räumlich, sachlich, sozial, sinnhaft etc.) Selbstorganisation gefordert wird (ebenda: 12). Diese Flexibilisierung der Arbeitsstrukturen und die erweiterte Autonomie der Beschäftigten geht jedoch mit einer Steigerung der Leistungsanforderungen und verstärkter Ergebnisüberwachung einher (ebenda: 12). Eine solche Form der Kontrolle wird im Gegensatz zur starren Bürokratie und der technischen Überwachung der Qualität der Arbeitsleistung als *autonomisierte Kontrolle* bezeichnet, bei der die Ausführung der Arbeitstätigkeit den Arbeitenden weitestgehend selbst überlassen wird und allein das Ergebnis bewertet bzw. kontrolliert wird (ebenda: 8).

Das Arbeitshandeln wird somit in dessen wichtigsten Dimensionen *entgrenzt,* d.h. Veränderungen der Arbeitsstruktur stellen einen totalen Zugriff auf das Arbeitskräftepotenzial dar (Böhle 2002: 128). Genauer:

> *„auf bislang kaum systematisch genutzte Potenziale von Arbeitskraft, wie Innovativität und Kreativität, Sozial- und Kommunikationskompetenzen, Begeisterungsfähigkeit und ultimative Leistungsbereitschaft, Loyalität und Solidarität"* (Kleemann et al. 1999: 13).

Dieser Zugriff auf die Arbeitskraft „erfordert im wachsenden Maße und in neuen Formen explizite subjektive Leistungen, um unter den veränderten Bedingungen arbeiten zu können und den Betriebsablauf aufrechtzuerhalten" (ebenda: 11).

2.1. Formen von Subjektivität

Betriebliche Veränderungen bewirken, dass Erwerbspersonen subjektive Arbeitsfähigkeiten einbringen müssen. Je nach Veränderung werden unterschiedliche Aspekte der Subjektivität erforderlich. Innerhalb der Theorie gibt es vier Formen der Subjektivierung von Arbeit.

2.1.1. Kompensatorische Subjektivität

Kompensatorische Subjektivität versteht subjektivierendes Arbeitshandeln als notwenige Komplemente technischer Arbeit und komplexer werdender technischer Vorgaben (Kleemann et al. 1999: 5). Durch die Einführung von Informations- und Kommunikationsmedien in den Arbeitsprozess entstehen neuartige räumliche, zeitliche und organisatorische Freiheitsgrade für die Gestaltung der Arbeitsausführung, da mit dem technischen Fortschritt eine Unbestimmtheit für das Arbeitshandeln einhergeht, die erst durch subjektive Leitungen gelöst werden kann (ebenda: 8). Die Funktion kompensatorischer Subjektivierung liegt jedoch hauptsächlich in der „Bewältigung technischorganisatorischer Mängel, um Störungen des formalisierten Arbeitsprozesses flexibel zu bewältigen und deren Entstehung zu verhindern“ (Felsch 2006: 15).

Durch Informations- und Kommunikationsmedien wird der Austausch und die Bearbeitung von betrieblichen Informationen beschleunigt und strukturiert. Gleichzeitig sind die Möglichkeiten im Umgang mit den Informations- und Kommunikationsmedien begrenzt und stellen mehr eine neue Form der systematischen Rationalisierung dar, um das Arbeitshandeln der Individuen zu integrieren, standardisieren und zu kontrollieren (Kleemann et al. 1999: 6).

Das subjektivierende Arbeitshandeln spiegelt sich in der metafachlichen Kompetenz wieder, dem Wissen um die Gesamtzusammenhänge der betrieblichen Leistungserstellung und im Umgang mit informationstechnischen Geräten Probleme zu erkennen und zu lösen (Welsch 1997: 57 in Kleemann et al. 1999: 8).

2.1.2. Strukturierende Subjektivität

Strukturierende Subjektivität bezieht sich auf die praktische Organisation der Arbeitstätigkeit selbst. Ursächlich für die Zunahme subjektiver Leistungen ist eine generelle Flexibilisierung und Autonomisierung, insbesondere in der Gestaltung der alltäglichen Lebensführung, speziell in der synchronen Verbindung von Arbeit und Leben (Kleemann et al. 1999: 33). Die Funktion strukturierender subjektiver Handlungen ist,

> *„für die Sicherung eines funktionalen Ablaufs von Arbeit […] in geeigneter Weise selbst Strukturen zu schaffen und seine Arbeitskraft dadurch in geeigneter Weise in die betrieblichen Erfordernisse einzupassen“* (ebenda: 33).

Arbeitende müssen nicht nur zeitlich die Arbeit mit dem Privatleben verbinden, sondern müssen zusätzlich die eigenen Fähigkeiten den Besonderheiten der Arbeitstätigkeit anpassen. Insofern müssen die Freiräume dafür bereits in betriebliche Strukturen eingelassen sein, damit die Arbeitenden in aktiver Auseinandersetzung mit den vorgefundenen Bedingungen in der Lage sind eine „funktionale Passung zwischen Subjekt und Betrieb bzw. Beschäftigungssystem herzustellen“ (ebenda: 33).

2.1.3. Reklamierende Subjektivität

Reklamierende Subjektivität ist die Auseinandersetzung mit gesellschaftlich formulierten Denkweisen und Werthaltungen hinsichtlich der Arbeit und die daraus resultierende Entfaltung und Sinnstiftung in der Arbeit. Die Funktion reklamierender Subjektivität ist ein an die Gesellschaft und ihre Institutionen gerichteter Entwurf alternativer Orientierungen. Die gesellschaftlichen Sinnstrukturen

> „*müssen von den Individuen in Wechselwirkung mit ihrer sozialen Umwelt an die eigene Arbeits- und Lebenswirklichkeit diskursiv angepasst werden, so dass sie von der Person in alltagspraktisches Handeln umgesetzt werden können*" (Felsch 2006: 16).

Die dargestellten Formen beziehen sich bei der kompensatorischen und strukturierenden Subjektivität in ihrem Gegenstand auf die Ebene des praktischen Handelns. Reklamierende Subjektivität bezieht sich dagegen auf diskursive Sinndeutungen. Betrachtet man die Art der Passung zwischen Person und Struktur kann zwischen einer aktiven und passiven An-Passung unterschieden werden. Daraus folgernd zeigt Abbildung 1, dass es bei einer solchen Unterscheidung eine weitere Form der Subjektivität geben muss, welche die passive Passung diskursiver Sinndeutungen beinhaltet (Kleemann et al. 1999: 24).

	Praxis	*Diskurs*
Aktiv	Strukturierende Subjektivität	Reklamierende Subjektivität
Passiv	Kompensatorische Subjektivität	Ideologisierte Subjektivität

Abbildung 1: Grundformen bzw. Grundfunktionen von Subjektivität im Zug einer Subjektivierung von Arbeit (Kleemann et al. 1999: 34).

2.1.4. Ideologisierte Subjektivität

moderne Gesellschaft (Wandel)

Die passive Passung diskursiver Sinndeutungen wird als ideologisierte Subjektivität benannt. Obwohl diese theoretisch und empirisch weitestgehend unberücksichtigt geblieben ist, unternehmen Kleemann und Kollegen (1999) den Versuch, die ideologisierte Subjektivität zu definieren:

> „*Sie bezöge sich auf eine einseitige Passung der Person an vorgegebene Strukturen von Arbeit und Beschäftigung bzw. deren Wandel auf der Sinndeutungsebene, die möglicherweise auch reflexiv den Prozess einer zunehmenden Subjektivierung von Arbeit thematisieren würde. Berührt würden dadurch Prozesse kollektiver und/oder individueller soziokultureller Prägungen in Reaktion auf sich ändernde Anforderungen der gesellschaftlichen Arbeit sowie Prozesse einer (zum*

> *Teil auch gezielt ideologischen) diskursiven soziokulturellen Überformung faktischer Prozesse des Wandels von Arbeit und Beschäftigung*" (Kleemann et al. 1999: 34).

Der zunehmende gesellschaftliche Diskurs über Individualität, Flexibilität und Selbstständigkeit könnte somit als ideologisierte Subjektivität bezeichnet werden (ebenda: 34).

Die bisher dargestellten Formen von Subjektivität und dem zugehörigen subjektiven Arbeitshandeln beziehen sich lediglich auf Veränderungen innerhalb der Arbeit, d.h. arbeitende Individuen finden betrieblich vorgenommene Änderungen vor und reagieren mit einer Form der Subjektivität. Es wurde jedoch bereits vorweggenommen, dass die Erwerbsarbeit einer doppelten Subjektivierung unterliegt. Dies wird dadurch begründet, dass betriebliche Änderungen vorgenommen werden und gleichermaßen neuartige subjektive Ansprüche durch die Arbeitenden an die Arbeit herangetragen werden (ebenda: 2). Dieses Anspruchsverhalten wird als normative Subjektivierung bezeichnet (Baethge 1991: 6).

2.2. Normative Subjektivierung

Dass Individuen ihre eigenen Ansprüche an die Arbeit herantragen, lässt sich durch einen Wertewandel gegenüber der Arbeit begründen. Anstelle von Pflicht- und Akzeptanzwerten rückt der Selbstentfaltungsgedanke immer mehr in den Vordergrund (Kleemann et al. 1999: 28).

Normative Subjektivierung bedeutet eine Geltendmachung persönlicher Ansprüche, Vorstellungen und Forderungen in der Arbeit. Sie beschreibt die Entwicklung des Arbeitsbewusstseins der Beschäftigten, ihrer Ansprüche an die Erwerbsarbeit, dabei insbesondere den subjektiven Sinn, den sie mit Arbeit verbinden (Baethge 1991: 7). Persönliche Ansprüche sind dabei inhaltlich, kommunikativ und expressiv an die Arbeit gerichtet – sie formen den „modernen Facharbeiter" (ebenda: 7), dessen Tätigkeit durch individuelle Eingriffschancen gekennzeichnet und dessen inneres Verhältnis zur Arbeit von Selbstbewusstsein und Stolz geprägt ist. Seine Motive bei der Arbeit sind Spaß an der Arbeitstätigkeit, selbstverantwortliches Handeln, Entfaltung der eigenen Fähigkeiten und eine Kompetenzerweiterung (ebenda: 7). Es kommt zu einer positiven Verankerung von Arbeit in der individuellen Identitätskonstruktion (Kleemann et al. 1999: 30), welches ein individualistisches Interessen- und Handlungskonzept hervorbringt, mit dezidierten Ansprüchen an Selbstentfaltung und Selbstdarstellung in der Arbeit wie im Privatleben (Baethge 1994: 720).

Der mit der normativen Subjektivierung einhergehende Wertewandel bedeutet keine Auflösung der alten Werte, sondern vielmehr eine Ergänzung der weiterbestehenden Pflicht und Akzeptanz des „Arbeiten-Müssens“ durch den (beschriebenen) Aspekt der Selbstentfaltung (Kleemann et al. 1999: 29).

Damit verändert sich das grundlegende Verständnis gegenüber der Arbeit. Der Arbeitskraftunternehmer stellt diesbezüglich einen Idealtypus von Arbeitenden dar, der dem beschriebenen Wandel durch die Subjektivierung von Arbeit Rechnung trägt.

3. Der Arbeitskraftunternehmer – eine mögliche gesellschaftliche Folge einer zunehmenden Subjektivierung von Arbeit

Der doppelte Subjektivierungsprozess der Arbeit zeigt, dass sowohl betriebliche Veränderungen, als auch die neuen Ansprüche der Arbeitenden die Verfasstheit von traditioneller Arbeit verändern. „Ausbildungskonzepte, Arbeitstugenden und Führungskonzepte, die nur auf Befehl und Gehorsam beruhen, werden den anspruchsvollen Tätigkeiten [...] kaum noch gerecht“ (Heidenreich, Braczyk 1996: 164). Vor allem die normative Subjektivierung bewirkt, dass Betriebe den modernen Arbeitnehmer nicht selbst produzieren müssen (z.B. durch betriebliche Strukturen), sondern, dass die Gesellschaft den benötigten Sozialcharakter in zunehmendem Maße selbst produziert (Moldaschl, Voß 2003: 36). Insbesondere der Wunsch nach Selbstverwirklichung und Lebensgenuss bei gleichzeitig sinkender Bereitschaft zur Unterordnung – insbesondere in Bezug auf traditionelle, starre Arbeitsstrukturen – prägt das Selbstverständnis der neuen Arbeitsgeneration (Böhne, Breutmann 2012: 24). Dieser Wandel führt zu einer veränderten Logik der Arbeitsnutzung, speziell weil die betrieblich funktionale Transformation von Arbeitskraft zunehmend den Arbeitenden zugewiesen wird, d.h. in verstärkter Weise externalisiert wird. Es kommt - so die These von Voß und Pongratz (2003) - zu einer „Veränderung der gesellschaftlichen Verfassung von Arbeitskraft“ (Voß, Pongartz 2003: 3). Die Besonderheit dieser Art von Arbeitskraft ist, dass sie unter Konkurrenz angeboten und nachgefragt wird, die Verkaufsbeziehungen kollektiv und individuell ausgehandelt werden und außerdem untrennbar von der Person ist (ebenda: 131). Damit einhergeht, dass die Arbeitskraft wie im ökonomischen Sinne als *Ware* verstanden wird. Die Autoren vertreten die These, dass der „grundlegende Wandel der Verfassung der Ware Arbeitskraft mit nachhaltigen Konsequenzen für das Arbeits- und Berufsverhalten sowie insgesamt die Lebensweise der Erwerbstätigen" (Voß, Pongratz 1998: 132) verbunden ist. Die vorherrschende Form des verberuflichten Arbeitnehmers wird durch den neuen gesellschaftlichen Typus von Arbeitskraft, dem „Arbeitskraftunternehmer" (ebenda: 132) ergänzt und langfristig abgelöst (ebenda: 139). Der Arbeitskraftunternehmer verkauft nicht mehr nur sein latentes Arbeitsvermögen,

> *„sondern [handelt] (inner- oder überbetrieblich) vorwiegen als Auftragnehmer für Arbeitsleistungen […], d.h. die Arbeitskraft [wird] weitgehend selbstorganisiert und selbstkontrolliert in konkrete Beiträge zum betrieblichen Ablauf überführt, für die kontinuierlich funktionale Verwendung (d.h. „Käufer") gesucht werden [muss]"* (ebenda: 239f.).

Innerhalb dieser Aussage, verweisen die Autoren bereits auf zwei der drei Dimensionen der neuen Verfasstheit von Arbeitskraft: die *Selbst-Kontrolle* und die *Selbst-Ökonomisierung*. Die *Selbst-Rationalisierung* stellt die dritte Ebene dar.

3.1. Die drei Dimensionen des Arbeitskraftunternehmers

Der Arbeitskraftunternehmer als gesellschaftlicher Typus von Arbeitskraft ist durch die Merkmale der Selbst-Kontrolle, der Selbst-Ökonomisierung und der Selbst-Rationalisierung gekennzeichnet.

3.1.1. Selbst-Kontrolle

Die Transformationsaufgabe, d.h. das Potenzial der Arbeitenden in messbare Arbeitsleistung zu übertragen, wird dem Eigner der Arbeitskraft übergeben. In eigener Zuständigkeit formen sie ihre allgemeine Fähigkeit Arbeit zu verrichten in konkrete Leistungen und erstellen somit aus dem für den betrieblichen Gebrauch nicht verwertbaren rohen Potenzial der Arbeitsausführung, ein für die betriebliche Verwertungsinteressen hochwertiges, durch systematische Kontrollleistungen vorangerichtetes Vorprodukt (Voß, Pongratz 1998: 140). Die genannten Kontrollleistungen der Arbeitenden beziehen sich dabei sowohl auf Arbeitszeiten, Arbeitsraum, auf die soziale Komponente von Arbeit, auf eine fachlich flexible Anpassung an Arbeit und Qualifikation, als auch auf die sinnhaften und motivational basierten Faktoren bei der Arbeit; Eigenmotivation und selbstständige Sinnsetzung müssen von den Arbeitenden erbracht werden (ebenda: 141). Anstatt die Arbeit durch personale Anweisungen und organisatorische Regeln zu steuern, werden die Arbeitenden einer, durch ökonomische Randbedingungen kanalisierten, Selbststeuerung überlassen. Damit wird betriebliche Kontrolle nicht vollständig aufgelöst, sie wird abstrahiert, indem sie in Form der autonomisierten Kontrolle (vgl. Seite 5) in eine Ressourcen- bzw. Kontextsteuerung übertragen wird (Moldaschl, Voß 2003: 33).

3.1.2. Selbst-Ökonomisierung

Der Eigner von Arbeitskraft sieht sich unter den beschriebenen Tendenzen in der Entwicklung von Arbeit einer weiteren Herausforderung ausgesetzt: die Ware Arbeitskraft muss zunehmend offensiv vermarktet werden, anstatt sie defensiv zum Verkauf anzubieten (Voß, Pongratz 1998: 142). Aus einem passiven Eigner wird zunehmend ein

> *„in neuer Qualität kontinuierlich strategisch handelnder Akteur, der sein einziges zur Subsistenzsicherung […] nutzbares ‚Vermögen' (das Vermögen zu arbeiten) hochgradig gezielt und dauerhaft auf eine potenzielle wirtschaftliche Nutzung hin entwickelt und verwertet"* (ebenda: 142).

Dabei findet eine doppelte Selbst-Ökonomisierung statt. Zum einen eine zweckgerichtete und effizienzorientierte individuelle Produktionsökonomie des eigenen produktiven Handelns durch die Produzenten selbst, zum anderen müssen Arbeitsvermögen und Arbeitsleistung in den betrieblichen Kontext integriert werden, wodurch die Notwenigkeit entsteht einen Nachfrager der eigenen Arbeitskraft zu finden, damit man für seine Arbeit einen Tauschwert erwirtschaften kann (ebenda: 142). Es wird „neben einer forcierten Produktionsökonomie der Arbeitskraft eine auf die Arbeitskraft bezogene individuelle Marktökonomie erforderlich" (ebenda: 142).

Insgesamt sieht sich ein arbeitendes Individuum einer *fremdorganisierten Selbstorganisation* in Bezug auf seine Arbeit ausgesetzt. Dabei werden ursprünglich betriebliche Aufgaben auf die Arbeitenden übertragen, bei Aufrechterhaltung einer Rahmensteuerung.

3.1.3. Selbst-Rationalisierung

Durch *fremdorganisierte Selbstorganisation* entsteht eine neue Qualität der alltagspraktischen Basis der Entwicklung und Erhaltung des Arbeitsvermögens. Als Folge der erweiterten Ökonomisierung, bei der der Arbeitende sich dem Markt ausgesetzt sieht und zunehmend als „unternehmerisches Subjekt" (Moldaschl, Voß 2003: 33) handeln muss, kommt es immer mehr zu einer aktiven, zweckgerichteten und letztlich alle Lebensbereich umfassende, sowie alle individuellen Ressourcen nutzende, systematischen Organisation des gesamten Lebenszusammenhangs (Voß, Pongratz 1998: 143). Dabei werden alle möglichen Ressourcen der Individuen herangezogen. Nicht nur berufsfachliche Qualifikationen werden zur Arbeit verwendet, sondern auch Geldvermögen, soziale Netzwerke und Kontakte, Alltagstechnik, Wohnraum bzw. Wohnungs- und Grundbesitz bis hin zur Arbeitsleistung weiterer Personen wie etwa Lebenspartner oder Freunde (ebenda: 144). Dabei greifen die Personen auf betriebstypische Rationalisierungsformen zurück. Zum einen wird auf Organisation und Technisierung als eigentliche betriebsstrategische Mittel zurückgegriffen, um Produktivität der eigenen eingesetzten Tätigkeiten und Ressourcen zu steigern (ebenda: 144). Weiterhin wird eine systematische Qualifizierung betrieben. Es werden Fähigkeiten und Kompetenzen (weiter-)entwickelt, die zum Arbeitskraftbetrieb notwendig sind (ebenda: 144). Ebenso können Arbeitende ihre soziale Umwelt instrumentalisieren, um die Produktion bzw. Vermarktung ihrer selbst voranzutreiben (ebenda: 144).

3.2. Kritik an der Theorie des Arbeitskraftunternehmers

Der Arbeitskraftunternehmer als gesellschaftlicher Typus von Arbeitskraft ist umstritten. Faust (2002) formuliert die These, dass „der Arbeitskraftunternehmer [...] nicht der Endpunkt einer unvermeidlichen Entwicklung moderner, kapitalistischer Gesellschaften [ist]“ (Faust 2002: 57). Seine Einwände beziehen sich vor allem auf die zu kompakte Typenbildung des Arbeitskraftunternehmers (ebenda: 58). Diese

> *„Typologie zieht in einem Begriff die objektive Seite der Veränderung von Handlungsmöglichkeiten, -zwängen und –beschränkungen und die subjektive Seite der Arbeits- bzw. Berufs- oder Erwerbsorientierungen zusammen“* (ebenda: 58),

wodurch es zu einer „flexiblen Beweisführung“ (ebenda: 59) kommt, mit der immer etwas zutrifft, wenn man zwischen der objektiv-subjektiven Seite hin und her argumentiert (ebenda: 59). Die historisch formulierte Abfolge von Arbeitskrafttypen ist nach Faust (2002) in der Art und Weise wie sie die Autoren zum Arbeitskraftunternehmer durchführen, nicht haltbar (ebenda: 58). Auch bei den historischen Vorläufern von Arbeitskrafttypen – wie etwa dem verberuflichten Arbeitnehmer – sind Tendenzen von Selbst-Kontrolle und Selbst-Ökonomisierung zu finden (ebenda: 62). Unter dem Einbezug institutioneller und politischer Einflüsse wird der „Arbeitskraftunternehmer [...] nicht unvermeidlich“ (ebenda: 64). Dabei bezieht sich Faust (2002) auf die klare Trennung bei der Entwicklung der Arbeitskrafttypen vom Detailarbeiter, zum verberuflichten Arbeitnehmer und schließlich zum Arbeitskraftunternehmer. Vor allem dadurch, dass die Dimensionen des Arbeitskraftunternehmers durch die Selbst-Komponente definiert sind, wird verschleiert, dass rudimentäre Ansprüche an Erwerbsarbeit weiter Geltung haben. So zeigen die empirischen Befunde, dass mit einer Leistungsoptimierung – eine Form der Selbst-Kontrolle – eine Absicherungsmentalität einhergeht, nämlich der „Selbstverständlichkeit, mit der auf berufliche, betriebliche und sozialpolitische Strukturen als dem maßgeblichen Sicherheitsnetz der eigenen Erwerbstätigkeit rekurriert wird" (ebenda: 59). Mit einem solchen Bezug wird deutlich, dass Arbeitende nur bedingt bereit sind, sich vollkommen der Ökonomisierung der eigenen Person zu unterziehen, stattdessen weiterhin Wert auf klassische Existenzsicherung legen (ebenda: 60). Die Leitideen des Arbeitskraftunternehmers sind demnach in ihrer Verfasstheit zu selektiv ausgerichtet. In Bezug auf die alte Ordnung wird auf den beschränkenden Charakter verwiesen, während die zukünftigen, wünschenswerten Verhältnisse die befreienden Wirkungen für das Individuum beschreiben (ebenda: 72). Dabei wird der Sicherheit und Orientierung vermittelnde Aspekt der alten Ordnung vernachlässigt (ebenda: 73). Für die Arbeitenden sieht auch Faust (2002) ambivalente Folgewirkungen (Kapitel 5). Die Verschiebung hin zum unternehmerischen Selbst stellt den Arbeitenden einerseits vor neue Herausforderungen, andererseits schafft es neuen Raum und Möglichkeiten der Selbstverwirklichung. Dieser Raum muss aber genutzt werden und ist abhängig von den zur Verfügung stehenden Mitteln (ebenda 74).

Das Kapitel Subjektivierung von Arbeit hat gezeigt, dass Arbeitende sich zunehmend betrieblichen Veränderungen ausgesetzt sehen und selbst mit neuen Anforderungen an die Arbeit herantreten. Der Typus des Arbeitskraftunternehmers hat eine damit einhergehende Möglichkeit der modernen Verfasstheit von Arbeitskraft skizziert. Insgesamt kommt es durch die beschriebenen Veränderungen zu einer Auflösung typischer betrieblicher Strukturen und somit zu einer Entgrenzung der Arbeit

4. Entgrenzung von Arbeit

Die Auflösung klassischer Beschäftigungsstrukturen kann durch Entgrenzungserscheinungen beschrieben werden, welche sich in selbstorganisierter, selbstkontrollierter und flexibilisierter Arbeit äußern (Kratzer 2003: 198). Aus betrieblicher Sicht äußert sich Entgrenzung von Arbeit in einer Auflösung der Grenzen der Organisation gegenüber dem Markt. Es kommt zu einer Dezentralisierung und Vermarktlichung der Planung und Steuerung (Kratzer et al. 2004: 334). Ebenso verlieren klassische Steuerungsmechanismen an Bedeutung. Anstelle von hierarchisch-bürokratischer Organisation kommt es zu einer indirekten Steuerung (ebenda: 335). Es entsteht eine *Selbst-Objektivierung des Arbeitshandelns*, indem durch äußere Rahmenbedingungen die Verantwortlichkeit einer erfolgreichen Produktion an das Individuum übertragen wird (Böhle 2002: 137). Subjektive Leistungen sind somit nicht nur notwendig, um allgemeine Informationen auf die jeweils konkreten Aufgaben zu beziehen und zu interpretieren, sondern auch um subjektive Interpretationen und Handlungsweisen zu objektivieren, d.h. für den Betrieb nutzbar zu machen (ebenda: 137). Neue Arbeitsformen und ein Verantwortungstransfer weg vom Management sind Kernpunkte der indirekten Steuerung des Arbeitshandelns (Glißmann 2002: 161). Aus Sicht der Arbeitenden kommt es weiterhin zu Entgrenzungserscheinungen in der Erwerbsarbeit.

Die *Arbeitszeit* erfährt eine weitreichende Flexibilisierung und Individualisierung in Dauer, Lage und Regulierungsform (Voß 1998: 480). Die Vertrauensarbeitszeit, bei der zwar noch feste Arbeitsstunden im Arbeitsvertrag stehen, aber niemand mehr die Anwesenheit kontrolliert, zeigt wie Eigenverantwortung und Ergebnisorientierung der Arbeitenden in zeitlicher Hinsicht relevant sind (Jensen 2000: 300).

Neben der zeitlichen wird auch die räumliche Dimension der Erwerbsarbeit durch Flexibilisierungstendenzen entgrenzt. Durch neue Arbeitskonzepte wie Tele-/Heimarbeit oder Home- und Mobiloffices wird die körperliche Anwesenheit am betrieblichen Standort zunehmend unwichtiger. Einerseits wird dieser Prozess durch Technisierung vorangetrieben, da erst durch neue Medien solche Arbeitsplätze entstehen können, andererseits forciert auch die Dezentralisierung eine räumliche Entgrenzung. Arbeitende befinden sich vermehrt in Scheinselbstständigkeit, d.h. in einem Arbeitsverhältnis in dem die erwerbstätige Person als selbstständiger Unternehmer auftritt, obwohl ihre Tätigkeit, die eines Arbeitnehmers wiederspiegelt (Reindl 2000: 420). Eine weitere Möglichkeit besteht darin, dass sie als Teil eines virtuellen Unternehmens arbeiten, wodurch es zu oft wechselnden Arbeitsplätzen kommen kann oder sich Arbeitsplatz und Lebensort zunehmend vermischen (Voß 1998: 479).

Eine steigende Selbstorganisation führt weiterhin zu einer Entgrenzung bzw. Entstandardisierung von Arbeitsmitteln, da es den Arbeitenden oftmals selbst überlassen ist, welches Hilfsmittel sie zur Problemlösung heranziehen (ebenda: 480). Auch klassische Arbeitsinhalte und Qualifikationen verlieren an Bedeutung. Die betriebliche Rücknahme von Kontrolle bei Zunahme von Rahmensteuerung verstärkt die Notwendigkeit von Selbstkontrolle und erfordert dynamische Qualifikationsprozesse und überfachliche Anforderungen (ebenda: 480). Durch neue Arbeitsformen, insbesondere der Team- und Gruppenarbeit wird eine neue Sozialorganisation notwendig, womit die klassische betriebliche Hierarchie und das Verhältnis der Arbeitenden untereinander entgrenzt wird (ebenda: 480). Analog zu allen anderen Dimensionen verschwimmen bei entgrenzten Arbeitsstrukturen auch die Sinn und damit die Motivationsgrenzen.

> *„Zum Einkommens- und Karrieremotiv kommt wesentlich stärker als in eng strukturierten Arbeitsformen eine ganze Palette möglicher individueller Zielsetzungen und sinnhafter Identifikationen hinzu (Sozialkontakte, fachliche Faszination und Begeisterung, gewachsene Loyalitäten und soziale Bindungen, emotionale Bindungen an eine Unternehmenskultur usw.)"* (ebenda: 479).

Die Motivation bei der Arbeit wird ebenfalls auf die Erwerbstätigen verlagert (ebenda: 479). Einerseits wird durch sinn- und motivationale Entgrenzung deutlich, dass klassische Motivationsanreize zunehmend an Bedeutung verlieren, andererseits wird durch die Übertragung der Arbeitsmotivation auf die Arbeitenden deutlich, dass in entgrenzten Arbeitsverhältnissen weitere bzw. andere Faktoren zur Motivation beitragen. Solche Faktoren sollen durch die Verknüpfung arbeitspsychologischer Theorien mit dem Konzept der Entgrenzung von Arbeit in dieser Arbeit geklärt werden (siehe Abschnitt 7ff.).

Die Entgrenzung der Arbeit hat jedoch nicht nur Auswirkungen auf das Verhältnis von Erwerbspersonen und deren Arbeit. Eine besondere Herausforderung sind die Entgrenzungstendenzen in Bezug auf die Vereinbarkeit von Berufs- und Privatleben. Deswegen sollen anschließend die Dimensionen der Entgrenzung von Arbeit in Bezug auf die Vereinbarkeit mit dem Privatleben der Arbeitenden dargestellt werden.

Durch die beschriebenen Entgrenzungstendenzen und der normativen Subjektivität besteht vermehrt die Notwendigkeit einer Neukonstruktion des Verhältnisses von Arbeit und Leben (Kleemann et al. 1999: 14). Dabei spielen vor allem die zeitlichen und räumlichen Betriebsstrategien eine Rolle, da durch diese Entgrenzungsdimensionen die Grenzen zwischen betrieblich basierter Arbeit und privatem, heim- und familienbasiertem Leben unscharf werden (ebenda: 14). In Folge der Entgrenzung von Arbeitszeit kommt es zunehmend zu einer Vermischung von Arbeits- und Privatzeiten: „Arbeitszeit nimmt mehr Raum ein, der mit Lebenszeit bezahlt werden muss" (Kratzer 2003: 208). Ebenso führt räumliche Entgrenzung dazu, dass sich Arbeits- und Lebensraum vermengen mit der

Folge, dass durch technische Hilfsmittel von Zuhause weitergearbeitet wird (Voß 1998: 480). Eine dynamische Weiterentwicklung der eigenen Fähigkeiten ist oftmals nur auf Kosten des eigenen Privatlebens zu vereinbaren, wodurch die Grenze zwischen Arbeit und Nicht-Arbeit aufgelöst wird (ebenda: 479). Durch die Entgrenzung von Sinn- und Motivationsstrukturen kommt es zu einer neuen Wertigkeit der Berufssphäre, indem die Arbeitstätigkeit zu einer neuen Lebenssphäre eigener Qualität und das ehemalige Privatleben zum funktionalen Hintergrund der Erwerbstätigkeit umfunktioniert wird (ebenda: 479). Das Privatleben wird allgemein zu einer nutzbaren Ressource der Gestaltung der eigenen Arbeitstätigkeit, wodurch neuartige Anforderungen an die handelnden Subjekte entstehen das Verhältnis von Arbeit und Leben aktiv selbst zu gestalten und dabei gegebenenfalls auf eine für sie passende Weise auf wieder Abgrenzungen vorzunehmen (Kleemann et al. 1999: 15). Insgesamt kommt es zu einem Bedeutungswandel von berufs- und metafachlichen Anforderungen. Es werden in zunehmendem Maße auch Fähigkeiten und Dispositionen für den Arbeitsprozess bedeutsam, die im außerberuflichen Alltag entwickelt werden (ebenda: 34).

Die Subjektivierungs- und Entgrenzungstendenzen verändern nicht nur die Verfasstheit, sondern auch das Verhältnis der Arbeitenden gegenüber der Arbeit. Damit einhergeht das entgrenzte Arbeitsverhältnisse weitreichende Konsequenzen für Arbeitende mit sich bringen. Die Auswirkungen werden in der Theorie als ambivalent beschrieben. Im Anschluss soll dargestellt werden, was solche ambivalenten Folgen sind und wie diese sich auf die Arbeitenden auswirken.

5. Ambivalente Folgen entgrenzter Arbeitsverhältnisse

Die Autoren zur Subjektvierung von Arbeit, zur gesellschaftlichen Form der Arbeitskraft als Arbeitskraftunternehmer und zur Entgrenzung von Arbeit verweisen auf ambivalente Folgen für die Arbeitenden. Personen sehen sich betrieblichen Veränderungen ausgesetzt und tragen selbst neuartige Anforderungen und Geltungsansprüche in die Arbeit. Ambivalenz bedeutet dabei immer, dass die beschriebenen betrieblichen und individuellen Veränderungen theoretisch Chancen und Risiken für die Arbeitenden mit sich bringen (Voß, Pongratz 1998: 133). Flexibilisierte Arbeitsformen lassen neue Handlungschancen und Geltungsspielräume entstehen, die sich für eine individualisierte Berufstätigkeit und Lebensform nutzen lassen (ebenda: 133). Gleichermaßen sind Erwerbstätige auch stärker den Marktbedingungen des Verkaufs ihrer Arbeitskraft ausgesetzt, was wiederum bestimmte Risiken und Gefahren birgt (ebenda: 133).

Die Reorganisation der Arbeit impliziert einen Wandel weg von gesicherten und standardisierten Arbeitsverhältnissen, hin zu temporären Auftragsbeziehungen (ebenda: 134), wodurch konventionelle berufliche Fähigkeiten an Bedeutung verlieren, da die Arbeitsaufgaben weniger starr vorstrukturiert sind. Die aktive subjektive Leistung besteht im sinnhaften Bezug zwischen fachlichen Kompetenzen und Erfordernissen der konkreten Arbeitsaufgabe (Kleemann et al. 1999: 8). Subjektivierung von Arbeit bedeutet auch erweiterte Gestaltungsfreiheiten, d.h. mehr Autonomie innerhalb der Arbeitstätigkeit, wodurch es den Arbeitenden ermöglicht wird, mehr auf eigene Bedürfnisse in der Arbeit einzugehen (ebenda: 13). Jedoch kommt es gleichermaßen zu einer drastisch verstärkten Anforderung an aktiver Eigenstrukturierung (Selbst-Kontrolle, Selbst-Rationalisierung und Selbst-Ökonomisierung), die zudem in hohem Maße entsprechende Kompetenzen erfordert (ebenda: 13). Die mit einer aktiven Eigenstrukturierung und Eigenverantwortung einhergehende Entgrenzung der Arbeit und Verschmelzung von Arbeit und Leben, ermöglicht einerseits, dass verschiedene Lebenssphären besser miteinander vereinbart und gestaltet werden können, andererseits besteht die Gefahr einer notorischen Überlastung oder des Scheitern, bei unzureichenden Kompetenzen und Ressourcen (ebenda: 17). Solche Freiheiten, also die Entgrenzung der Arbeitstätigkeiten und Verpflichtungen, kann zum einen als Autonomiegewinn oder auch als Selbstentfaltungsmöglichkeit angesehen werden, zum anderen erweisen sich Entgrenzungstendenzen zugleich auch als Entsicherung: der zeitliche Arbeitseinsatz wird unkalkulierbar, die Einkommenshöhe bei Ergebniskoppelung ist nicht mehr gleichbleibend gesichert und die Beschäftigungssicherheit bei dezentralistischer Personalpolitik ist ebenfalls nicht andauernd gegeben (Moldaschl, Voß 2003: 32f.).

> *„Diese Befreiung impliziert dann einen noch intensiveren, rückhaltloseren, tendenziell alle Grenzen von Arbeit und Nicht-Arbeit sprengenden Einsatz für die übernommenen Aufgaben, einschließlich der eigenen Weiterbildung“* (ebenda: 34).

Auf der einen Seite stehen somit neue Anforderungen, die durch betriebliche Veränderungen entstehen, auf der anderen Seite, neue Geltungsansprüche und Verwirklichungsgedanken und andere subjektive Ansprüche an die Arbeit, die entweder zu einem positiven Ergebnis oder zu neuen Belastungen bzw. anderen negativen Folgen führen.

Die aufgeschlüsselten theoretisch ambivalenten Folgen der Entgrenzung von Arbeit sollen im Folgen anhand empirischer Ergebnisse des Fehlzeitenreports 2012 (Badura et al.) dargestellt werden.

Die theoretischen Folgewirkungen von entgrenzter Arbeit werden als ambivalent beschrieben, da sie einerseits positive Faktoren wie Gestaltungsfreiraum und individuelle Ansprüche an Erwerbsarbeit zulassen, andererseits neue Einflussfaktoren hervorbringen, mit denen die Beschäftigten umgehen müssen.

Eine Beschäftigungsbefragung in mehreren flexiblen Arbeitskontexten (siehe Abbildung 2) hat gezeigt, dass Überstunden und übermäßiges Pendeln – als ein Ausdruck erhöhter räumlicher Entgrenzung – einen signifikant negativen Einfluss auf Arbeitsbelastung, Zufriedenheit und psychische Beschwerden haben (Zok, Dammasch 2012: 50). Arbeitsbelastungen sind dabei z.B. Stress und Leistungsdruck, Zeit- und Termindruck, körperlich belastende Tätigkeiten, ungünstige Arbeitszeiten, starke wahrgenommene Kontrolle durch Vorgesetzte, Angst bei der Arbeit Fehler zu machen, usw. (ebenda: 43). Zufriedenheit äußert sich z.B. durch eine gute Gesundheit, ein intaktes Familienleben, einen sicheren Arbeitsplatz oder durch eine gute Arbeit insgesamt (ebenda: 43). Physische und psychische Beschwerden wurden von den Beschäftigten durch Rücken- und Gelenkbeschwerden, Erschöpfung, nicht abschalten können in der Freizeit, Lustlosigkeit oder Schlafstörungen beschrieben (ebenda: 43).

	1. Einflussfaktor	2. Einflussfaktor	3. Einflussfaktor
Arbeitsbelastungen Varianzaufklärung 5,8 %	Belastung durch Anfahrtszeit zur Arbeit	Überstunden	Arbeitszeitregelung
Zufriedenheit Varianzaufklärung 5,4 %	Belastung durch Anfahrtszeit zur Arbeit	befristet/unbefristet	Überstunden
Psychische Beschwerden Varianzaufklärung 5,1 %	Belastung durch Anfahrtszeit zur Arbeit	Überstunden	Arbeit mit nach Hause genommen

Fehlzeiten-Report 2012

Abbildung 2: Einfluss von flexiblen Arbeitsformen auf die Variablen Arbeitsbelastung, Zufriedenheit und psychische Beschwerden (Zok, Dammasch 2012: 52).

Beschäftigte, die unter befristeten Arbeitsverhältnissen arbeiten, äußern signifikant weniger Zufriedenheit als unbefristet Arbeitende (ebenda: 51). Personen mit einer selbstbestimmten Arbeitszeit weisen geringere Arbeitsbelastungen und psychische Beschwerden auf als jene, die mit einer vom Betrieb festgelegten Arbeitszeit konfrontiert sind (ebenda: 51).

Diese empirischen Befunde lassen darauf schließen, dass die Dimension der räumlichen Entgrenzung eine höhere Belastungsgefahr darstellt, als die zeitliche Entgrenzungsdimension (ebenda: 56). Es ist jedoch zu berücksichtigen, dass es stark auf die wahrgenommene Intensität der jeweiligen Entgrenzungsdimension ankommt. Auch der zeitlichen Entgrenzung wird eine große Bedeutung zugeschrieben.

Erwerbstätige, die in einem stark zeitlich entgrenzten Arbeitsverhältnis stehen, äußern ein signifikant schlechteres Wohlbefinden an Arbeitstagen im Gegensatz zu Nicht-Arbeitstagen (Dettmers et al. 2012: 56). Kennzeichen eines solchen Arbeitsverhältnisses ist eine ständige Erreichbarkeit. Die bloße Anforderung, verfügbar zu sein, hat dabei bereits negative Auswirkungen auf das Wohlbefinden der Personen, auch wenn die Arbeitenden nicht kontaktiert werden (ebenda: 57). → passiert im HO weil entsprechende Regelungen nicht formuliert wurden

Räumliche Entgrenzung wird jedoch auch als positiv wahrgenommen: die Ambivalenz liegt darin, dass Fehlbelastungen möglich sind, jedoch auch neue Ressourcen geboten werden. So berichten Arbeitende, die unter berufsbedingter Mobilität arbeiten (starke räumliche Entgrenzung), dass sie eine hohe Flexibilität und Autonomie innerhalb ihrer Arbeit haben und diese als positiv bewerten (Paridon 2012: 81). Eine besondere Anforderung solcher Arbeitsverhältnisse ist die Vereinbarkeit von Privatleben und Beruf. Die empirischen Befunde zeigen, dass berufliche Mobilität eine Familienentwicklung verzögert oder sogar verhindert. Die fehlende Trennung von Arbeit und Privatleben wird dabei von den Arbeitenden durchweg als negativ beurteilt (ebenda: 84).

Ein wichtiges Merkmal für die Konsequenzen von räumlich oder zeitlich entgrenzten Tätigkeiten ist die Selbstständigkeit bei der Berufswahl. Menschen, die freiwillig einen mobilen Beruf wählen, zeigen signifikant weniger negative Folgen in Gesundheit und Wohlbefinden (ebenda: 86). Menschen, die einem Beruf nachgehen für den eine Ausdehnung der Arbeitszeit typisch ist, zeigen ebenfalls keine negativen Folgewirkungen in Bezug auf die zeitliche Entgrenzungsdimension (Clasen 2012: 103).

Durch Corona konnten MA nicht wählen → nicht freiwillig

Für flexible Arbeitstätigkeiten zeigt sich weiterhin, dass eine hohe Einkommensunsicherheit zu einer höheren Wahrscheinlichkeit führt, unter psychosomatischen Beschwerden, psychischen Stress und getrübter Arbeitsfreude zu leiden (ebenda: 102). Hohe Selbstbestimmungsmöglichkeiten, größere Handlungs- und Zeitspielräume oder soziale Unterstützung sind dabei Faktoren, die Belastungen flexibler Arbeitstätigkeiten entgegenwirken (ebenda: 104).

Insgesamt zeigen die Ergebnisse des Fehlzeitenreports (Badura et al. 2012), dass entgrenzte Arbeitsverhältnisse neue Anforderungen hervorrufen, wie die Notwendigkeit verschiedene Projekte gleichzeitig zu bearbeiten, die ständige Erreichbarkeit durch moderne Kommunikationsmedien, aber auch die stetige Veränderung der Arbeitsinhalte, Arbeitsorte oder Arbeitszeiten, die dazu führen, dass die Bewältigung mit den entstehenden Belastungen für die Beschäftigten immer schwerer wird (Tigotti et al. 2012: 62).

Eine verbreitete Möglichkeit mit den Herausforderungen in entgrenzten Arbeitsverhältnissen umzugehen ist die *interessierte Selbstgefährdung*. Durch die charakteristische Erfolgssteuerung tritt der Erfolg an die Stelle von Leistung (Krause et al. 2012: 192), wodurch sich auch das Verhältnis der Arbeitenden zur Arbeit verändert: es wird irrelevant ob/oder wie viel Mühe sich bei der Arbeitstätigkeit gegeben wird, entscheidend ist alleine der Erfolg (ebenda: 193). Interessierte Selbstgefährdung ist die Art und Weise mit Erfolgsdruck umzugehen, in der Beschäftigte ohne Aufforderung oder Anweisung Verhaltensweisen zeigen, von denen sie wissen, dass diese auf Dauer negative Auswirkungen haben. Dazu gehört insbesondere die Arbeitsausführung trotz Erkrankung, Verzicht auf Arztbesuche oder die Vernachlässigung von Erholungsaktivitäten und sozialen Kontakten (ebenda: 193).

Damit wurde gezeigt, welche Auswirkungen subjektivierte und entgrenzte Arbeit auf Beschäftigte hat. Insbesondere wurde auf die theoretisch ambivalenten Folgen hingewiesen und mit aktuellen empirischen Daten des Fehlzeitenreports 2012 (Badura et al.) ergänzt. Zusammenfassend führt Subjektivierung von Arbeit zu einer Flexibilisierung der Arbeit. Auf der einen Seite stehen betriebliche Veränderungen, die durch subjektive Handlungen kompensiert werden, auf der anderen Seite steht der normative Aspekt von Subjektivierung, bei dem Arbeitende eigene Ansprüche – vor allem den der Selbstverwirklichung – an die Arbeit richten. Diese Entgrenzung der Arbeit hat ambivalente Folgen für die Beschäftigten. Es kommt zum einen zu mehr Freiraum individuelle Fähigkeiten in die Arbeit zu integrieren, auf der anderen Seite erzeugen arbeitsbedingte Veränderungen mehr Belastungen bei der Arbeit. Diese Ambivalenz zeigt sich auch in den empirischen Daten. Zeitliche und räumliche Entgrenzung führen auf der einen Seite zu mehr arbeitsbedingten Belastungen, auf der anderen Seite bewerten Arbeitende die neuen Freiräume innerhalb der Arbeit als positiv.

Subjektivierung und Entgrenzung von Arbeit haben zu einem neuen Verständnis von Arbeit geführt. Die Arbeitstätigkeit wird positiv in der individuellen Identitätskonstruktion verankert und ursprüngliche Sinn- und Motivationsgrenzen lösen sich auf, wodurch der Arbeit eine besondere Bedeutung zukommt. Aus diesem Grund soll im Anschluss der Stellenwert von Arbeit aus psychologischer Sicht dargestellt werden.

6. Bedeutung und Wirkung der Arbeit

Die normative Subjektivierung von Arbeit hat ein neues individualisiertes bzw. individualistisches Interessen- und Handlungskonzept in Bezug auf Arbeit hervorgerufen. Dabei suchen Menschen nach einer Passung zwischen individuellen Ansprüchen und vorgefundenen betrieblichen Arbeitsstrukturen. → durch corona wichtiger geworden

Welchen Stellenwert eine Person der Arbeit beimisst geschieht in Abhängigkeit vom jeweiligen Gesellschafts- und Menschenbild (Semmer, Udris 1995: 134). Erwerbsarbeit hat nicht nur den Zweck der Existenzsicherung, vielmehr gehen mit ihr gehen eine Reihe psychosozialer Funktionen einher (ebenda: 134). Die wichtigsten Funktionen, die einen hohen psychischen und sozialen Nutzen von Arbeit erklären, sind: Aktivität und Kompetenz, Zeitstrukturierung, Kooperation und Kontakt, soziale Anerkennung und persönliche Identität (in Anlehnung an Jahoda 1983; Kieselbach 1983 und Warr 1984 in Semmer, Udris 1995: 134).

Aktivität und Kompetenz zeigt sich in der Bewältigung von Arbeitsaufgaben, bei der Menschen Fähigkeiten und Kenntnisse, zugleich auch ein Wissen um diese Fähigkeiten erwerben, wodurch ein Gefühl der Handlungskompetenz entsteht. Zeitstrukturierung heißt, dass Arbeit im Allgemeinen im weitesten Sinne das gesamte Leben eines Arbeitenden strukturiert. Zeitbezogene Begriffe des Menschen stehen dabei im direkten Zusammenhang mit der Arbeit. Berufliche Aufgaben erfordern weiterhin Kooperation und Kontakt. Die Zusammenarbeit mit anderen Menschen bildet eine wichtige Grundlage für die Entwicklung kooperativer Fähigkeiten und schafft ein wesentliches soziales Kontaktfeld. Durch die Arbeitsleistung und die Kooperation mit anderen, erfahren Erwerbstätige soziale Anerkennung, die das Gefühl vermittelt, einen wichtigen Beitrag für die Gesellschaft zu leisten. Insgesamt spielt die Berufsrolle und die damit verbundenen Aufgaben, Erfahrungen, Kenntnisse und Fähigkeiten, die zur Beherrschung der Arbeit notwendig sind, eine wesentliche Grundlage für die Entwicklung der Identität und des Selbstwertgefühls der Personen (Semmer, Udris 1995: 134).

Die Entscheidung welche Arbeit eine Person verrichten möchte, hängt von den Aspekten der Arbeit ab, die den Arbeitenden wichtig sind (ebenda: 136). Allgemein sind Arbeitsinhalt, Arbeitsbedingungen, organisationale Rahmenbedingungen, soziale Beziehungen und finanzielle Bedingungen Charakteristika, die Arbeitenden im Allgemeinen wichtig sind.

Beim Arbeitsinhalt legen Personen Wert auf

> *„Ganzheitlichkeit der Arbeit; Abwechslungsreichtum, interessante Aufgaben; Möglichkeit, die eigenen Kenntnisse und Fähigkeiten einzusetzen; Möglichkeit etwas neues zu lernen; Möglichkeit eigene Entscheidung zu treffen u.ä"* (ebenda: 136).

Arbeitsbedingungen sind gekennzeichnet durch die Arbeitszeit, Belastungsfaktoren, räumliche Verhältnisse oder gefordertes Arbeitstempo. Organisationale Rahmenbedingungen werden als Sicherheit des Arbeitsplatzes, Aufstiegschancen oder Weiterbildungsmöglichkeiten verstanden. Wichtig sind auch soziale Bedingungen, d.h. ob bzw. wie Kontaktmöglichkeiten bzw. ein Verhältnis zu Kolleginnen und Kollegen ermöglicht werden oder wie das Betriebsklima allgemein wahrgenommen wird. Auch der finanzielle Aspekt einer Arbeit. z.B. die Höhe von Lohn oder Sozialleistungen der Erwerbspersonen in einem Arbeitsverhältnis, ist von Bedeutung (ebenda: 136).

Welche Gewichtung Arbeitende diesen Aspekten beimessen ist jedoch individuell von den Präferenzen und Umständen der Personen abhängig. Allgemein lässt sich festhalten, dass der Lohn als Grundfunktion im Sinne der Einkommenssicherung von überragender Bedeutung für die Erwerbsarbeit an sich ist (ebenda: 137). Über diese Grundfunktion hinaus verliert der monetäre Aspekt der Arbeit an Bedeutung und die Priorität liegt in der Arbeitstätigkeit selbst (ebenda: 137). Als arbeitspsychologische Überlegung wird anschließend die Bedürfnispyramide nach Maslow dargestellt, die Aufschluss über menschliche Motive geben soll.

6.1. Die Bedürfnispyramide nach Maslow

Die Bedürfnispyramide nach Maslow (1954) ist durch fünf Hierarchieebenen gekennzeichnet. Ein Motiv ist umso dominanter, je weiter unten es in der Hierarchie ist (Kleinbeck, Kleinbeck 2009: 28).

Abbildung 3: Bedürfnispyramide nach Maslow (1954) (nach Semmer, Udris 1995: 137).

Die Überlegungen zur Pyramide postulieren weiterhin, dass erst das dominante Bedürfnis erfüllt sein muss, bevor ein nächstes Motiv in den Vordergrund rückt (Semmer, Udris 1995: 137). Physiologische Bedürfnisse sind Grundmotive des Menschen (z.B. das Essen, Schlafen, Wohnen). Sie entsprechen dem Bedürfnis der Existenzsicherung. Das Motiv des Sicherheitsbedürfnisses umfasst den Wunsch der Freiheit von Bedrohungen und Existenznot. Soziale Bedürfnisse sind Freundschaft, Liebe, Kontakt und Gruppenzugehörigkeit. Individualbedürfnisse zielen auf Achtung und Wertschätzung der eigenen Person ab – der Selbstachtung und der Anerkennung durch andere. Nach Maslow (1954) kommt es erst bei Befriedigung der Hierarchieklassen eins bis vier, zum Bedürfnis nach Selbstverwirklichung (ebenda: 137). „Die Erfüllung höherer Motive schafft persönlich wünschbare Ergebnisse, d.h. tieferes Glück, Heiterkeit und inneren Reichtum" (Kleinbeck, Kleinbeck 2009: 29).

In Bezug auf die Fragestellung dieser Arbeit wurde gezeigt, dass Arbeit einen individuellen Stellenwert im Leben eines Menschen hat. Erwerbsarbeit hat nicht nur einen monetären, sondern auch psychischen und sozialen Nutzen. Durch die psychosozialen Funktionen wird der Arbeitstätigkeit ein individueller Nutzen verliehen. Der Wert, den Menschen der Arbeit beimessen, hängt insbesondere davon ab, welche Aspekte von Arbeit den Menschen als wichtig erscheinen. Die arbeitspsychologischen Ergebnisse zeigen, dass der Gedanke der Existenzsicherung Personen am meisten dazu veranlasst zu arbeiten. Das Grundmotiv der Existenzsicherung (siehe auch Faust: Kritik am Arbeitskraftunternehmer) wirkt als extrinsische Motivation (als Mittel zum Erreichen eines Ziels) der Arbeit. Die Motivpyramide von Maslow bestätigt, dass Menschen das Bedürfnis nach Sicherheit und Absicherung als dominantestes Motiv empfinden (Hierarchieebene eins und zwei).

Sind diese Bedürfnisse erfüllt, indem durch Erwerbsarbeit die monetäre Grundsicherung gewährleistet ist, können die restlichen Motive innerhalb der Arbeit und im Privatleben befriedigt werden. Zum einen sind soziale Bedürfnisse, wie etwa Gruppenzugehörigkeit oder Freundschaft, als auch Bedürfnisse der Achtung und Wertschätzung durch ein Arbeitsverhältnis zu erreichen. Die Erfüllung normativer Ansprüche führt zu intrinsisch motiviertem Arbeitsverhalten (Anreiz liegt in der Tätigkeit selbst).

Die Bedeutsamkeit der Selbstverwirklichung in Maslows Theorie ist jedoch kritisch zu beäugen. Der beschriebene gesellschaftliche Wertewandel bzw. die Wertverschiebung misst dem Bedürfnis nach Selbstverwirklichung immer mehr Bedeutung bei. Es kann jedoch davon ausgegangen werden, dass Selbstverwirklichung erst dann möglich ist, wenn Existenzängste überwunden werden (Semmer, Udris 1995: 137).

6.2. ‚Der moderne Arbeitnehmer' nach Baethge

Wie bereits dargestellt, bieten subjektivierte und entgrenzte Arbeitsverhältnisse den Erwerbspersonen einen flexibleren und individuelleren Umgang mit der Arbeitstätigkeit, wodurch der normativen Subjektivierung – dem Wunsch der Beschäftigten nach Selbstverwirklichung – Rechnung getragen wird. Beathge (1994) verweist auf das Entstehen eines neuen Sozialtypus, des „modernen Arbeitnehmers" (Kleemann et al. 1999: 30). Dieser ist charakterisiert durch

> *„eine starke inhaltlich akzentuierte Berufsorientierung, ein hohes, auf Wissen und Fachkompetenz gestütztes Selbstbewusstsein [...] und eine ausgeprägte Reflexivität, die ein individualistisches Interessen- und Handlungskonzept hervorbringt, mit dezidierten Ansprüchen an Selbstentfaltung und Selbstdarstellung in der Arbeit wie im Privatleben"* (Baethge 1994: 720).

Die Entstehung eines solchen Sozialtypus' wird durch gesellschaftliche Veränderungen und Sozialisationsprozesse begründet. Durch die Ausweitung von Bildungs- und Ausbildungszeiten werden Ansprüche und Einstellungen der Menschen mit lebens- anstatt arbeitsweltlichen Einflüssen konfrontiert (Baethge 1991: 12). Durch den Wandel der Beschäftigungsstruktur hin zu qualifizierten Berufen und „die damit einhergehende breite

Verankerung liberaler Sozialisationsmilieus in der Gesellschaft“ (ebenda: 13) wird ein solches Sozialisationsmodell sozialstrukturell gefestigt (ebenda: 12f.).

In Bezug auf die Entstehung subjektiver Ansprüche an die Arbeit lässt sich festhalten, dass diese durch Bildungs- und Sozialisationsprozesse bei den Menschen hervorgerufen und gefestigt werden. Erwerbspersonen mit solchen Persönlichkeitsmerkmalen werden als Konsequenz Arbeitstätigkeiten wählen, die dem individuellen Anspruch nach Selbstentfaltung gerecht werden. Solche Tätigkeiten sind weitestgehend entgrenzte Arbeitsverhältnisse, wodurch ein Motiv für das Arbeiten in entgrenzten Arbeitsverhältnissen in der Verankerung der normativen Subjektivierung im Bildungs- und Sozialisationsprozess zu finden ist. Solche Menschen werden immer mehr und das durch die Gesellschaft und der Wandel → Zukunft

Zukunft

7. Einflüsse auf motivationales Verhalten von Erwerbspersonen in entgrenzten Arbeitsverhältnissen

Erwerbstätige in entgrenzten Arbeitsverhältnissen erleben die dargestellte Ambivalenz in ständiger Auseinandersetzung mit den betrieblichen Strukturen. Dabei berichten die Mitarbeitenden zunehmend negative Folgen der Subjektivierung bzw. Entgrenzung von Arbeit.

> *„Warum leiden [...] so viele Beschäftigte unter einem wachsenden Arbeitsdruck und versuchen diesen unter zunehmenden Einsatz ihrer subjektiven und lebensweltlichen Ressourcen zu bewältigen, obwohl sie doch zugleich immer weniger dazu gezwungen werden, d.h. über steigende Optionen verfügen, ihre Arbeitssituation nach eigenen Präferenzen und Bedürfnissen zu gestalten?“* (Kratzer 2003: 232f.)

Die Frage die Kratzer (2003) aufwirft verweist auf den Widerspruch zwischen den vorwiegend positiven Darstellungen von Subjektivierung und damit einhergehender Entgrenzung von Arbeit gegenüber der Belastungsauffassung von Erwerbstätigen in entgrenzten Arbeitsverhältnissen.

Die Darstellungen der empirischen Ergebnisse des Fehlzeitenreports (Badura et al. 2012) haben gezeigt, dass die ambivalenten Folgewirkungen, die mit einer Veränderung der Wertigkeit von Arbeit einhergehen, auch bei den Erwerbstätigen als Chance und Risiko zugleich angesehen werden. Zum einen wird der entstandene Gestaltungsspielraum, d.h. die Möglichkeit eigene Ressourcen besser in die Arbeit zu integrieren, als positiv bewertet, zum anderen berichten Erwerbstätige ebenso von negativen Folgen, wie zu starke Arbeitsbelastung, Arbeitsunzufriedenheit oder psychische Beschwerden. Besonders negativ äußern sich Beschäftigte in Bezug auf die betriebliche Entgrenzung und die damit einhergehende Entsicherung. Vor allem Arbeitsplatzunsicherheit führt zu negativen Symptomen der Arbeitenden. Insgesamt sollte verdeutlicht werden, dass die Ambivalenz in den Folgewirkungen auch in der Auffassung der Mitarbeitenden zu finden ist. Neben dieser Ambivalenz ist jedoch ein Übergewicht an negativ bewerteten Folgewirkungen zu verzeichnen.

Im Anschluss soll die Frage diskutiert werden, was Erwerbstätige in entgrenzten Arbeitsverhältnissen motiviert. Dazu werden relevante arbeitspsychologische Theorien dargestellt und in Bezug auf eine Entgrenzung der Arbeit diskutiert.

7.1. Arbeitsmotivation

Arbeitsmotivation wird definiert als „a set of energetic forces that originates both within as well as beyond individual's being to initiate work-related behavior, and to determine its form, direction, intensitiy and duration" (Donovan 2001: 53). Arbeitsmotivation wird somit als individuelle und situative Komponente von Kräften betrachtet, die arbeitsbezogenes Verhalten in seiner Form, Richtung, Intensität und Ausdauer beeinflussen.

Die Richtung bezieht sich dabei auf die Entscheidung für ein bestimmtes Verhalten, die Intensität auf die Energie, die beim Verhalten investiert wird und die Ausdauer beschreibt die Hartnäckigkeit gegenüber Widerständen (Thomae 1965: 67ff.). Entscheidend für die Arbeitsmotivation ist das Zusammenspiel von Situation und persönlichen Motiven (Kleinbeck, Kleinbeck 2009: 26);

> *„erst wenn beide zueinander in Beziehung treten, wenn persönliche Motive auf thematisch entsprechende Motivierungspotenziale am Arbeitsplatz treffen, entwickelt sich Arbeitsmotivation in vollem Umfang"* (ebenda: 26).

Merkmale einer Situation, die Motive anregen können, werden als Anreize bezeichnet (Nerdinger et al. 2011: 394).

Menschen unterscheiden sich hinsichtlich ihrer Motive und Stärke dessen Ausprägungsgrades. Für ihr Handeln ist manchmal nur ein Motiv ausschlaggebend, in den meisten Fällen sind es jedoch mehrere, die zusammen eine personenspezifische Motivkonstellation ausmachen (ebenda: 26f.). Gleiche Motive oder Motivkonstellationen unterscheiden sich weiterhin hinsichtlich der Intensität (ebenda: 27). Die Bedeutung der Motive kann folgendermaßen beschrieben werden:

> *„Um die Konsistenz des individuellen Verhaltens zu erklären, die einerseits im Sinne einer Übereinstimmung über verschiedene Situationen und über aufeinander folgende Zeitpunkte in der Wiederkehr dieser Situation und andererseits im Sinne stabiler Unterschiede des Verhaltens in denselben Situationen zwischen verschiedenen Personen bestimmt wird, werden Personen unterschiedlicher Ausprägungen einer Reihe von Motivationen zugeschrieben. Motive werden dabei als überdauernde Disposition aufgefasst“* (Heckhausen 1989: 9).

7.1.1. Die Motivtheorie

Die Motivtheorie von McClelland (1964) benennt drei Grundmotive, die für das Erleben bestimmter emotionaler Erfahrungen maßgeblich, jedoch bei Personen sehr unterschiedlich ausgeprägt sind. Je nach Ausprägung eines Leistungs-, Macht- oder Anschlussmotivs können Aussagen auf das betriebliche Handeln getätigt werden (Kleinbeck, Kleinbeck 2009: 30ff.). Zum Beispiel zeichnet sich ein Topmanager nach der Theorie durch ein ausgeprägtes Macht- und ein niedriges Anschlussmotiv aus.

Manche Beschäftigte meiden schwierige Aufgaben, andere suchen genau solche herausfordernde Aufgabentypen und setzen sich mit voller Kraft für die Lösung ein, bemühen sich auch dann, wenn auftauchende Hindernisse nicht direkt gelöst werden können oder Misserfolge auftreten (ebenda: 27). Ein solches Handeln kann als leistungscharakteristisches Handeln bezeichnet werden. Dieses liegt dann vor, wenn am Ende der Aufgabe ein konkretes Ergebnis entsteht; dieses an Maßstäben der Güte und Menge bewertbar ist; die Anforderungen an die Leistungsvoraussetzung des Handelnden weder zu niedrig noch zu hoch sind; ein Vergleichsmaßstab für verbindlich gehalten wird und von den Handelnden selbst gewollt und das Ergebnis selbst zustande gebracht worden ist (Heckhausen 1989: 90). Leistungsthematische Handlungen setzen eine leistungsorientierte Motivkonstellation voraus (ebenda: 90f.). Ein Leistungsmotiv kommt in zwei Ausprägungsformen vor, nämlich als Erfolgsmotiv (Hoffnung auf Erfolg) oder Misserfolgsmotiv (Furcht vor Misserfolg) (ebenda: 31). Aufgrund des leistungsthematischen Charakters von Arbeitsaufgaben ist das Leistungsmotiv dazu geeignet Arbeitsmotivation am Arbeitsplatz zu erklären. Die Motivation wird jedoch auch durch weitere Motive beeinflusst (ebenda: 31).

Das Anschlussmotiv bezieht sich auf den innerbetrieblichen Kontakt mit anderen Beschäftigten. Mit Anschluss (Kontakt, Geselligkeit) ist nach Heckhausen (1989),

> „*eine Inhaltsklasse von sozialen Interaktionen gemeint, die alltäglich und zugleich fundamental ist, mit bisher fremden oder noch wenig bekannten Menschen Kontakt aufzunehmen und in einer Weise zu unterhalten, die beiden Seiten als befriedigend, erregend und bereichernd erleben*" (Heckhausen 1989: 345).

Innerbetrieblicher Kontakt wird durch die Arbeitsbewältigung in Gruppen bzw. in gemeinsamer Verantwortung unabdingbar (Kleinbeck, Kleinbeck 2009: 31). Das Anschlussmotiv ist durch die beiden Ausprägungsformen, Hoffnung auf Anschluss und Furcht vor Zurückweisung gekennzeichnet (ebenda: 31). Arbeitsformen, die Gruppenarbeit und gemeinsame Verantwortung forcieren, erfordern bei den Beschäftigten eine erhöhte Hoffnungsdimension des Anschlussmotivs. Solche Personen streben nach wechselseitigen, vertrauensvollen Interaktionen, bei denen man sich gegenseitig akzeptiert, gerne mag und unterstützt (ebenda: 31).

Soziale Beziehungen bei Arbeitstätigkeiten bieten weiterhin auch immer die Möglichkeit einem Machtmotiv nachzugehen.

> „*Das Machtmotiv geht darauf aus, eigene Machtquellen zu gewinnen und zu sichern; entweder um des damit verbundenen Prestiges und Machtgefühls willen oder um – zusätzlich oder in der Hauptsache – das Verhalten und Erleben anderer, nicht von sich aus gefügiger Personen in einer Weise zu beeinflussen, dass die Befriedigung eigener Bedürfnisse ermöglicht und gefördert wird. Dabei werden mit Hilfe eigener Machtquellen und Einflussmittel die Anreize für entscheidende Motive des anderen möglichst wirksam und für den Einflussnehmenden ökonomisch umarrangiert*" (Heckhausen 1989: 374).

Es wird davon ausgegangen, dass diese Motive in jedem Individuum vorkommen, da sie als angeboren angesehen werden (Schneider, Schmalt 2002 in Kleinbeck, Kleinbeck 2009: 33). Die Motivausprägungen sind jedoch als Folge gesellschaftlicher Einflüsse anzusehen (ebenda: 33).

Zusätzlich zu den drei genannten Motiven kann das Motiv der Neugier zur Motivtheorie hinzugefügt werden. Dies ist vor allem in modernen Arbeitswelten von Bedeutung, da es Menschen anregt in neuen Situationen durch Fragen und Nachforschen Unsicherheit, Komplexität und Ambiguität zu reduzieren. Es fördert den Wissenserwerb, wodurch die eigene Handlungskompetenz erweitert wird, sodass Arbeitsaufgaben leichter zu bewältigen sind. Es bewirkt das Verlangen nach Abwechslung, Stimulation und Information (ebenda: 34).

Die Wechselwirkung zwischen den Motivausprägungen der Beschäftigten und den Motivierungspotenzialen bzw. Anreizcharakteristika der Arbeitstätigkeit ist dabei entscheidend für die resultierende Arbeitsmotivation. Die jeweiligen thematischen Motivierungspotenziale (leistungs-. macht- oder anschlussthematisch) beeinflussen nur die Beschäftigten, deren motivationale Ausprägung auf die zugehörigen Arbeitsanreize anspricht (ebenda: 46). Ebenso wirken sich spezifische Motivierungspotenziale im Zusammenhang mit unterschiedlichen Motivausprägungen auch unterschiedlich aus (ebenda: 46).

7.1.2. Die Selbstbestimmungstheorie

In Bezug auf die gestiegenen Ansprüche der Beschäftigten nach Selbstentfaltung bietet die Selbstbestimmungstheorie von Deci und Ryan (2000) eine motivorientierte Erklärung. Der Theorie entsprechend sind drei Grundmotive für alle Menschen fundamental: das Bedürfnis nach Autonomie bzw. Selbstbestimmung, das Bedürfnis nach Kompetenz und das Bedürfnis nach sozialem Bezug (Deci, Ryan 2000: 228). Die Erfüllung dieser Bedürfnisse gewährleistet intrinsisch oder zumindest autonom motiviertes Handeln (ebenda: 233ff.). Intrinsische Motivation ist durch den Spaß an der Tätigkeit selbst gekennzeichnet (ebenda: 233f.).

Bei entgrenzter Arbeitstätigkeit gewinnt intrinsische Motivation immer mehr an Bedeutung. Neue betriebliche Strategien gewährleisten mehr Spielraum für subjektive Ansprüche (Autonomie, Selbstbestimmung, individuelle Fähigkeiten), wodurch das Arbeitspotenzial der Beschäftigten besser ausgenutzt werden soll. Für die Erwerbstätigen bedeuten diese Veränderungen entgrenzter Arbeitsverhältnisse eine Befriedigung arbeitsbezogener Bedürfnisse und eine steigende intrinsische Motivation.

7.1.3. Die VIE-Theorie

Arbeitsmotivation hat jedoch auch eine situative Komponente. Ob eine Person Leistungsmotivation zeigt, ist nicht nur das Resultat ihrer individuellen Anlagen oder ihrer Sozialisation, sondern auch von Faktoren der Arbeitsituation abhängig (Nerdinger et al. 2011: 401ff.). Die VIE-Theorie von Vroom (1964) geht auf die Wahl von Handlungszielen in Abhängigkeit der Situation ein (ebenda: 401).

Abbildung 4 beschreibt das Zusammenwirken zwischen den Dimensionen Erwartung, Instrumentalität, Valenz und der Motivation. Die Erwartung ist der Handlungs-Ergebnis-Zusammenhang, d.h. die angenommene Wahrscheinlichkeit bzw. Erwartung, die Aufgabe erfolgreich bewältigen zu können. Diese Erwartung hängt überwiegend von Persönlichkeitsmerkmalen des Individuums selbst ab. Instrumentalität beschreibt den Zusammenhang zwischen der Bewältigung der Aufgabe und der daraus resultierenden Handlungsfolge. Dabei geht es um die Frage, inwiefern das Arbeitsergebnis für Beschäftigte wünschenswerte Konsequenzen nach sich zieht. Die Valenz beschreibt den Wert bzw. die subjektive Bewertung der Handlungsfolgen.

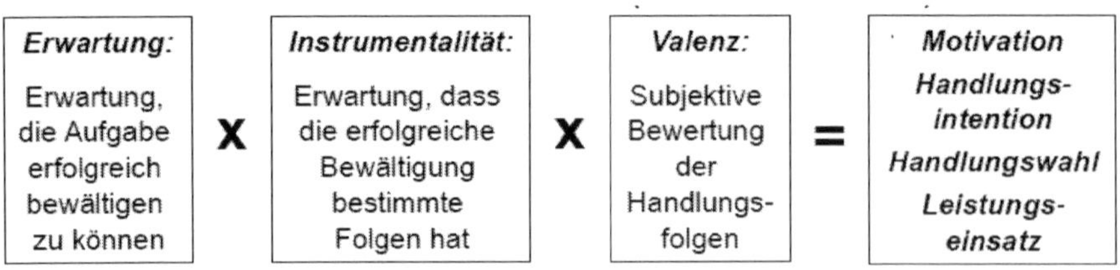

Abbildung 4: Die Valenz-Instrumentalität-Erwartungstheorie nach Vroom 1964.

Vroom (1946) geht davon aus, dass Beschäftigte für jede Handlungsfolge die Instrumentalität kalkulieren. Welchen Wert sie den Auswirkungen beimessen hängt von der subjektiven Bewertung, der Valenz der Handlungsfolge ab. Die motivationale Entscheidung darüber, ob eine Person in die Leistung investiert oder nicht, ist demnach abhängig vom Zusammenspiel der Valenz und Erwartung. Nur wenn beide Dimensionen ein Mindestmaß erreichen, ist die Person bereit Leistungseinsatz zu zeigen (ebenda: 401 ff.).

7.1.4. Übertragung der Theorien der Arbeitsmotivation auf entgrenzte Arbeitsverhältnisse

Arbeitsmotivation wird als Zusammenspiel von Situation und persönlichen Motiven beschrieben. Die Motiv- und Selbstbestimmungstheorie verweisen auf verschiedene Motive, die bei Erfüllung ein intrinsisch motiviertes Handeln gewährleisten. Die VIE-Theorie macht dann unter Einbezug der Situation Aussagen über motivationales Verhalten möglich.

Die Motivtheorie macht in Abhängigkeit von individuellen Motivkonstellationen zwischen Leistungs-, Macht- und Anschlussmotiv Aussagen über den Arbeitskontext. Damit Menschen in entgrenzten Beschäftigungsverhältnissen intrinsische Motivation zeigen, muss bei Beschäftigen das entsprechende Motiv stark ausgeprägt sein.

Inhaltliche Entgrenzung und die damit einhergehende Entstandardisierung der Arbeitsmittel erfordert eine weitreichende Eigenverantwortlichkeit bei der Problemlösung. Damit wird das Neugiermotiv der Mitarbeitenden angesprochen. Die aktive Auseinandersetzung mit der Problemstellung erfordert eine hohe Eigenkompetenz in Bezug auf neuartige Aufgaben und Herausforderungen. Entsprechend der Motivtheorie werden Arbeitende in entgrenzten Arbeitsverhältnissen solche Arbeitsinhalte als motivierend empfinden, die eine hohe Ausprägung des Neugiermotivs haben. Obwohl diesem Motiv empirisch kaum Beachtung geschenkt wird, kann davon ausgegangen werden, dass durch Neugier ausgelöstes Verhalten im Sinne eines Unternehmens ist.

Gleichermaßen wird die Art und Weise der Arbeitsausführung an die Beschäftigten übertragen. Über weitreichende Autonomiezusprüche an die Arbeitenden verlagert sich die Verantwortlichkeit für das Arbeitsergebnis auf die individuelle Ebene. Anstelle der Leistungskontrolle rückt die Ergebnisbewertung. Damit einher geht eine Steigerung der Ansprüche an die Arbeitskraft, die mit leistungsorientierten subjektiven Handlungen kompensiert wird. Damit wird für entgrenzte Arbeitsverhältnisse das Leistungsmotiv einer Erwerbsperson von hoher Relevanz, da es nur dann zu leistungscharakteristischem Handeln kommt, wenn das zugehörige Leistungsmotiv stark ausgeprägt ist.

Neue betriebliche Rationalisierungsstrategien intensivieren den Gebrauch neuer Arbeitsformen. Gruppenarbeit wird immer bedeutsamer für den Arbeitsprozess, sei es in innerbetrieblicher Auseinandersetzung mit Kollegen oder geteilter Verantwortung bei örtlich entgrenzter Arbeit. Individuen werden nur dann gerne solche Arbeitsformen ausführen und intrinsisch motiviert handeln, wenn das Anschlussmotiv in starkem Maße für sie von Bedeutung ist.

Entgrenzte Arbeitsverhältnisse sind gekennzeichnet durch eine Auflösung klassischer Hierarchien und eine Verantwortungsverteilung auf die Arbeitenden. Damit gewinnt auch das Machtmotiv an Bedeutung. In flacheren Hierarchien erlangen Arbeitende mehr Freiräume. Diese können zum Gewinn und/oder Sicherung von Machtquellen ausgenutzt werden. Beispielsweise können Arbeitende sich durch übermäßigen Einsatz hervorheben, somit eine höhere (Macht-)Position erreichen und diese später zur Sicherstellung eigener Bedürfnisse (etwa mehr Freizeit) nutzen, indem Verantwortlichkeiten bzw. Arbeitstätigkeiten auf formal gleichwertige Arbeitende übertragen werden.

Die Selbstbestimmungstheorie postuliert intrinsisch motiviertes Arbeitshandeln, wenn drei Grundbedürfnisse des Menschen erfüllt sind. Diese Bedürfnisse sind Autonomie bzw. Selbstbestimmung, Kompetenz und sozialer Bezug.

Entgrenzte Arbeitsverhältnisse gehen in starkem Maße auf die genannten Bedürfnisse ein. Entgrenzung bzw. Subjektivierung von Arbeit ist gekennzeichnet durch die Erweiterung der relativen Autonomie der Beschäftigten in allen Bereichen der Arbeit. Alle Entgrenzungsdimensionen forcieren die Eigenverantwortlichkeit der Arbeitenden, was der Erfüllung des Motives der Autonomie/Selbstbestimmung entspricht. Weiterhin wird durch inhaltliche Entgrenzung die individuelle Kompetenz zunehmend bedeutsamer. Der soziale Bezug wird durch betriebliche Entgrenzung befriedigt. Der Großteil der Arbeitstätigkeiten wird in Zusammenarbeit mit anderen Arbeitenden oder Organisationsteilen erledigt. Detailarbeit bzw. starke Arbeitsteilung werden in entgrenzten Arbeitsverhältnissen nichtig, der soziale Bezug ist im Gegensatz dazu fast unerlässlich. Ebenfalls wurde die Bedeutung der Arbeit auf ihren sozialen Nutzen hin beschrieben. Entgrenzte Arbeit trägt somit insgesamt zur Erfüllung der Bedürfnisse der Selbstbestimmungstheorie bei und kann intrinsisch motiviertes Handeln durch die Entgrenzung bzw. Subjektivierung von Arbeit begründen.

Motive und Motivkonstellationen der zuvor thematisierten Theorien sind Folge gesellschaftlicher Einflüsse. Die Veränderung der gesellschaftlichen Anforderung gegenüber der Arbeit hat eine neue Form des modernen Arbeitenden geschaffen, dessen motivationale Ausrichtung auf entgrenzte Arbeitsverhältnisse zugeschnitten und sozialisationstechnisch gefestigt wird (Baethge 1994: 720).

Unter zusätzlichem Einbezug der Situation erklärt die VIE-Theorie in Abhängigkeit einer individuellen Bewertung der Aufgabe die Motivation eine Arbeit auszuführen.

Aus positiven Erwartungen resultiert entsprechend der VIE-Theorie intrinsisch motiviertes Arbeitshandeln. Das Modell kann jedoch auch als Erklärung herangezogen werden, weshalb Menschen Arbeitstätigkeiten ausüben, die negative Folgewirkungen haben. Wird der Tätigkeit situativ eine hohe Wertigkeit in den Handlungsfolgen zugeschrieben und gleichzeitig erwartet, die Aufgabe erfolgreich bewältigen zu können, wird die Tätigkeit ausgeführt. Diese Entscheidung kann jedoch auf einer Fehleinschätzung beruhen, wodurch der Arbeitende im Laufe der Aufgabenbearbeitung feststellt, dass die Anforderungen der Aufgabe seinen Erwartungen und somit seinem eigenen Handlungspotenzial nicht entsprechen. Negative Arbeitsfolgen resultieren somit aus situativen Fehlkalkulationen hinsichtlich der zu erledigenden Arbeitsaufgabe.

Durch neuartige Geschäftsbeziehungen in entgrenzten Arbeitsverhältnissen werden Teilprozesse und zugehörige Aufgaben zunehmend aus dem Betrieb ausgelagert. Für Abnehmer solcher Aufgaben stellt sich die Fehleinschätzung als besonders problematisch dar, da sie gemäß der Theorie des Arbeitskraftunternehmers dem Druck der Selbst-Ökonomisierung ausgesetzt sind und ihre Arbeitskraft in aktiver Eigenverantwortung in Lohn transformieren müssen. Eine Fehleinschätzung wird dann besonders wahrscheinlich, wenn Erwerbspersonen unter Existenzdruck stehen und somit auf den Verkauf ihrer Arbeitskraft angewiesen sind.

7.2. Arbeitszufriedenheit

Die geschilderten motivorientierten Erklärungsansätze für die (Arbeits-)Motivation von Erwerbstätigen zeigen, dass menschliche Motive arbeitsrelevante Handlungen erklären können. Das arbeitspsychologische Konzept der Arbeitszufriedenheit wird als weitere motivationale Größe zur Erklärung für arbeitsbezogenes Verhalten angesehen (Nerdinger et al. 2011: 395).

> *„Arbeitszufriedenheit wird gewöhnlich als Einstellung definiert, umfasst dann die emotionale Reaktion auf die Arbeit, die Meinung über die Arbeit und die Bereitschaft, sich in der Arbeit in bestimmter Weise zu verhalten“* (Six, Felfe 2004 in Nerdinger et al. 2011: 395).

Nach einer psychologischen Grundannahme von Neuberger (1974) entstehen positive Einstellungen, wenn Wünsche oder Bedürfnisse erfüllt werden (ebenda: 395).

7.2.1. Die Zwei-Faktoren-Theorie

Die Zwei-Faktoren-Theorie (Synderman 1959) untersucht welche Anreize in Organisationen wirken und welche Auswirkungen sie haben (Nerdinger et al. 2011: 396). Das Ergebnis ist, dass Kontext- und Kontentfaktoren auf das Befinden der Mitarbeitenden wirken.

Die Kontextfaktoren werden auch als Hygienefaktoren bezeichnet, da sie überwiegend mit negativen Situationen verbunden werden. Daraus resultiert auch der Grundgedanke der Theorie: Hygienefaktoren sollen Unzufriedenheit in der Arbeit verhindern. Solche

Faktoren sind unter anderem Gehalt, Statuszuweisungen, Beziehung zu Untergebenden, Kollegen und Vorgesetzten oder persönliche mit dem Beruf verbundene Bedingungen (ebenda: 396). Bei Erfüllung all dieser Aspekte resultiert daraus jedoch nicht Zufriedenheit, sondern ein Zustand der Nicht-Unzufriedenheit.

Zufriedenheit erzeugen dagegen die Kontentfaktoren, die intrinsische Aspekte umfassen: Leistungserlebnisse, Anerkennung, Arbeitsinhalt, übertragende Verantwortung, beruflicher Aufstieg oder das Gefühl sich in der Arbeit entfalten zu können (ebenda: 397). Bei Nicht-Erfüllung der Kontentfaktoren kommt es, der Theorie entsprechend, nicht zum Zustand der Unzufriedenheit, sondern wiederum zu einem neutralen Zustand der Nicht-Zufriedenheit (ebenda: 397). Bei Erfüllung der Kontentfaktoren kommt es dann zu einem Zustand der Zufriedenheit (ebenda: 397).

Motivatoren und Hygienefaktoren werden als zwei voneinander unabhängige Faktoren betrachtet.

7.2.2. Das Job-Characteristic-Model

Die Motivation der Beschäftigten steht stark mit der Tätigkeit selbst in Verbindung (Herzberg 1959 in Nerdinger et al. 2011: 398). Das Job Characteristic Modell (Hackman, Oldman 1980) besagt,

> *„damit Arbeit zufrieden macht (und intrinsisch motivierend wirkt), muss sie […] drei psychologische Grundbedingungen erfüllen: die Tätigkeit muss als bedeutsam erlebt werden; die Arbeitenden müssen sich für das Ergebnis ihrer Tätigkeit verantwortlich fühlen und sie müssen die aktuellen Resultate ihrer Tätigkeit, besonders die Qualität der Ergebnisse, kennen“* (Nerdinger et al. 2011: 398).

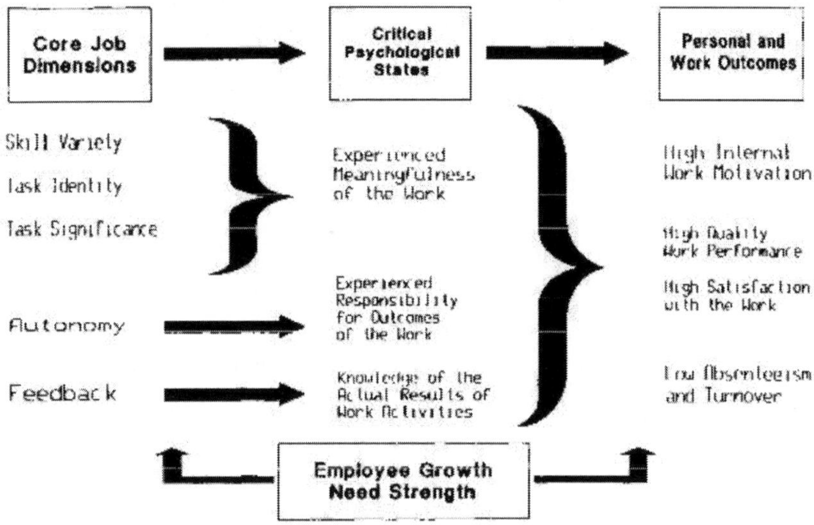

Abbildung 5: Das Job Characteristic Model (nach Hackman & Oldman 1980) (Renn, Vanderberg 1995: 283).

Abbildung 5 zeigt diese drei Grundbedingungen der Arbeit die die psychologischen Erlebniszustände auslösen. Zusätzlich werden Autonomie und Rückmeldung betrachtet. Anforderungsvielfalt (Task Variety) heißt, dass die Aufgabe viele motorische, intellektuelle und soziale Fähigkeiten der Beschäftigten beansprucht. Ganzheitlichkeit (Task Identitiy) meint den Grad, in dem Mitarbeitende über eine Vorstellung von dem gesamten Produkt verfügen bzw. eine vollständige Arbeitstätigkeit ausführen. Bedeutsamkeit (Task Significance) ist die wahrgenommene Auswirkung der Aufgabe für das Leben und die Arbeit anderer (ebenda: 398f.). Die Bedeutsamkeit der Arbeit wird über diese drei Faktoren definiert (ebenda: 398). Autonomie und Rückmeldung haben eigene psychologische Erlebniszustände. Autonomie führt zu einem Verantwortungsbewusstsein für Ergebnisse und die eigene Arbeitstätigkeit, Rückmeldungen zu einem Wissen über die aktuellen Resultate, insbesondere über die Qualität der eigenen Leistung (ebenda: 399).

Auswirkungen auf die Arbeit sind hohe intrinsische Motivation, eine hohe Qualität der Arbeitsleistung, hohe Arbeitszufriedenheit und niedrige Abwesenheit und Fluktuation (ebenda: 398).

7.2.3. Das Bruggemann Modell

Die Zwei-Faktoren-Theorie und das Job Characteristic Model sind motivationale Erklärungen zur Entstehung von Arbeitszufriedenheit und intrinsischer Motivation. Gunkel (2010) hält fest, dass Arbeitszufriedenheit jedoch gleichermaßen ein motivationales und kognitives Konstrukt ist (Gunkel 2010: 10).

> *„In kognitiven Konzeptionen der Arbeitsmotivation und -zufriedenheit wird die persönliche Bedeutung, die eine Person einem gewünschten Zustand beimisst, in den Vordergrund gestellt. Demnach strebt eine Person nach einem möglichst stimmigen Bild von den eigenen Wünschen, Bedürfnissen und dem eigenen Verhalten. Wird dieses stimmige Bild bedroht, resultiert ausgleichendes Verhalten“* (Gunkel 2010: 9).

Eine Verknüpfung beider Konzeptionen stellt das Modell von Bruggemann zur Arbeitszufriedenheit dar. Bruggemann (1974) definiert ein dynamisches Modell der Arbeitszufriedenheit. Diese entsteht als eine zusammenfassende Einstellung zum eigenen Arbeitsverhältnis, aus der Folge der Wahrnehmung der betrieblichen Umwelt in Bezug auf die eigenen Interessen (Bruggemann 1974 in Gunkel 2010: 11).

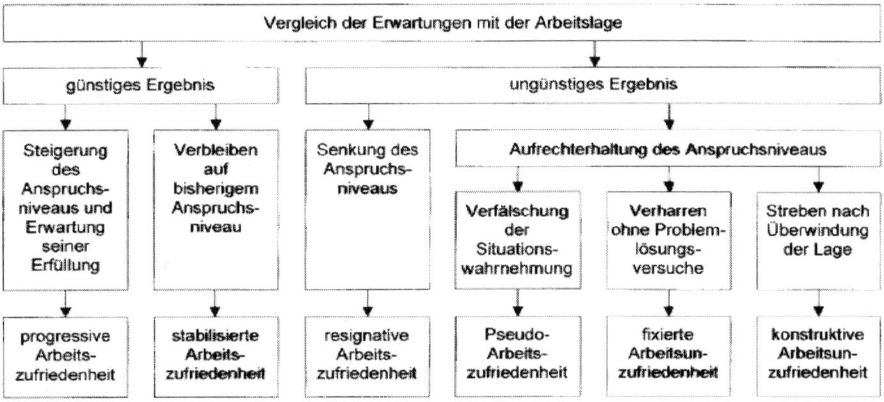

Abbildung 6: Formen der Arbeitszufriedenheit nach Bruggemann et al. 1975.

Am Anfang steht ein Soll-Ist-Vergleich der eigenen Interessen mit der Arbeitssituation, der entweder ein günstiges oder ungünstiges Ergebnis nach sich zieht (Gunkel 2010: 11).

Beim günstigen Ergebnis ist die Erwerbsperson zunächst zufrieden, wobei zwischen zwei verschiedenen Formen der Zufriedenheit unterschieden wird: progressive und stabilisierte Arbeitszufriedenheit. Einerseits kann die Person ihr Anspruchsniveau gegenüber der eigenen Arbeit aufrechterhalten und den Wunsch haben, dass die Situation so bleibt. Dies nennt Bruggemann stabilisierte Arbeitszufriedenheit (ebenda: 11). Andererseits kann es zu einer Steigerung des Anspruchs kommen, wodurch progressive Arbeitszufriedenheit gekennzeichnet ist (ebenda: 11). Bei progressiv zufriedenen Personen entsteht „infolge der Anspruchsniveauerhöhung wiederum ein ‚Zufriedenheitsdefizit'" (Bruggemann et al. 1975: 132). Da bisher jedoch positive Erfahrungen die Arbeit gekennzeichnet haben, bleibt eine positive Grundhaltung gegenüber der Arbeit aufrechterhalten. Solche Arbeitenden sind jedoch „schöpferisch unzufrieden" (Bruggemann et al., 1975: 132).

Fällt der Soll-Ist-Vergleich negativ aus, d.h. die eigenen Erwartungen entsprechen nicht der vorgefunden Arbeitssituation, entsteht eine diffuse Unzufriedenheit, aus der verschiedene Zustände der Unzufriedenheit resultieren (Gunkel 2010: 11). Aufgrund des Frustrationserlebnisses kann die Person ihr Anspruchsniveau senken, sodass sie wieder mit der Arbeitssituation zufrieden ist, „nach dem Motto: Ich kann nichts ändern; es könnte schlimmer sein; ich gebe mich zufrieden mit dem, was ich habe" (ebenda: 12). Diesen Zustand bezeichnet Bruggemann als resignative Arbeitszufriedenheit. Eine solche Zufriedenheit resultiert erst durch die nachträgliche Anpassung des Anspruchsniveaus an die vorgefundene Arbeitssituation. Diese Form der Arbeitszufriedenheit kann auch als Unzufriedenheit angesehen werden (Baumgartner, Udris 2006 in Gunkel 2010: 12). Hält eine Person jedoch an ihren Ansprüchen fest, anstatt sie zu senken, resultiert daraus, je nach Verarbeitungsart, eine bestimmte Form der Arbeitszufriedenheit. Eine Verarbeitungsart ist der Versuch die eigene Lage zu verändern. Dabei wird vorausgesetzt, dass die Person über Handlungspläne verfügt und motiviert ist die Situation zu ändern. Ein solcher Zustand wird als konstruktive Arbeitsunzufriedenheit bezeichnet (ebenda: 12), bei dem jedoch eine hinreichende Frustrationstoleranz vorgesetzt wird (Bruggemann et al. 1975: 134). Ist die Frustrationstoleranz jedoch so hoch, dass Arbeitende ihre Unzufriedenheit gut ertragen können und ihr Anspruchsniveau beibehalten, entsteht fixierte Arbeitsunzufriedenheit. Ein solcher Zustand entspricht einer Art Handlungslähmung durch negative Erfahrungen in Bezug auf Problemlösungen (Gunkel 2010: 12). Eine weitere Möglichkeit auf Unzufriedenheit und Beibehaltung des Anspruchsniveaus zu reagieren, ist die eigene Wahrnehmung der Situation zu verfälschen und so zu einer Pseudo-

Arbeitszufriedenheit zu gelangen (ebenda: 12). Die Pseudoarbeitszufriedenheit kann als Weiterentwicklung der fixierten Arbeitsunzufriedenheit angesehen werden. Es handelt sich um einen Abwehrmechanismus, der es dem Arbeitenden erlaubt, sich in seiner Arbeitssituation gerade noch wohl zu fühlen (ebenda: 12).

7.2.4. Übertragung der Theorien der Arbeitszufriedenheit auf entgrenzte Arbeitsverhältnisse

Die Zwei-Faktoren-Theorie unterscheidet bei arbeitsbezogenen Anreizen zwischen Hygiene- und Kontentfaktoren. Hygienefaktoren beziehen sich vor allem auf persönliche Ansprüche an die Rahmenbedingungen der Arbeit. Dabei spielen neben dem Gehalt auch soziale Faktoren der Arbeit eine Rolle. In entgrenzten Arbeitsverhältnissen kommt es also darauf an, wie Arbeitende die Rahmenbedingungen ihrer Tätigkeit bewerten. Zeitliche und räumliche Entgrenzung können Unzufriedenheit erzeugen. Weiterhin können sie den sozialen Nutzen von Arbeit schmälern. Ständige Mobilität kann beispielsweise im Widerspruch zur Aufrechterhaltung sozialer Beziehungen oder zeitliche Entgrenzung im Konflikt mit der Unterbringung von Freizeitaktivitäten neben der Arbeit stehen. Zufriedenheit steht in der Zwei-Faktoren-Theorie in direktem Zusammenhang mit dem Arbeitsinhalt. Besteht eine Deckungsgleichheit zwischen Ansprüchen an die Arbeit und dem vorgefundenen Arbeitsinhalt sind Erwerbspersonen zufrieden mit ihrer Arbeit.

Genannte inhaltliche Aspekte der Arbeit werden im Job-Characteristic-Model auf die Arbeitszufriedenheit und intrinsisch motivierte Handlungen bezogen. Anforderungsvielfalt, Ganzheitlichkeit und Bedeutsamkeit haben Einfluss auf die psychologische Sinnhaftigkeit der eigenen Arbeit. Entgrenzung der Arbeit forciert die Anforderungsvielfalt der Arbeitenden in besondere Weise. Verschiedene, neuartige Aufgaben erfordern neue Handlungsweisen in Bezug auf die Arbeit. Dies sind insbesondere die Anpassung eigener Kompetenzen an Arbeitsinhalte und die ständige Weiterbildung, um der Vielfalt der Probleme gewachsen zu sein. Somit ist eine generelle Anforderungsvielfalt in entgrenzten Arbeitsverhältnissen gegeben. Durch die Auflösung einer ausgeweiteten Arbeitsteilung und der Verantwortungsverschiebung auf niedrigere Hierarchieebenen können Erwerbstätige ihre Arbeit und arbeitsbezogenen Ergebnisse in den Gesamtprozess der Organisation einordnen (Ganzheitlichkeit). Welchen Stellenwert der Einzelne dabei seiner Arbeitstätigkeit in Bezug auf die Bedeutsamkeit im Leben anderer beimisst, ist jedoch stark von den subjektiven Empfindungen der Person abhängig. Die Verantwortlichkeit für die eigenen Arbeitsergebnisse kann durch die weitrechende relative Autonomie der Beschäftigten geschaffen werden. Entgrenzte Arbeit ist speziell durch Eigenverantwortlichkeit in allen Dimensionen gekennzeichnet. Eine Rückmeldung über die geleistete Arbeit wird durch die Ergebnisbewertung vorgenommen. Bei der Ergebnisbewertung spielt vor allem die Tatsache der Lösung an sich eine Rolle. Sofern die Aufgabe im angeforderten zeitlichen Rahmen zufriedenstellend erledigt wurde, ist sie für den Betrieb verwertbar. Ob Erwerbstätige eine tatsächliche Rückmeldung über die Qualität ihrer Arbeit erfahren ist von den Beziehungen zu Vorgesetzten bzw. Auftraggebern abhängig.

Bis dato wurde in Bezug auf die Motivation von Erwerbstätigen in entgrenzten Arbeitsverhältnissen hauptsächlich auf motivationale Konzepte der Arbeitspsychologie eingegangen. Das dynamische Bruggemann-Modell zur Arbeitszufriedenheit nimmt kognitive Aspekte hinzu.

Arbeitszufriedenheit entsteht demnach aus der Folge der Wahrnehmung der betrieblichen Umwelt in Bezug auf die eigenen Interessen. Ein solches dynamisches Erklärungsmodell von Arbeitszufriedenheit erlaubt Rückschlüsse auf arbeitsbezogene Handlungsweisen, als Reaktion auf vorgefundene Arbeitsbedingungen. Für entgrenzte Arbeitsverhältnisse ist demnach entscheidend, welche normativen Ansprüche Erwerbspersonen haben und wie sehr diese in der Arbeit wiedergefunden bzw. ausgelebt werden können. Dabei wird deutlich, dass eine Nicht-Übereinstimmung bzw. ein Mismatch zwischen Erwartung und Situation nicht zwingend dazu führt, dass die Arbeitstätigkeit aufgegeben wird. Stattdessen wirken psychologische Ausgleichsmechanismen, wodurch die Arbeitstätigkeit als erträglich erachtet wird. Vier von Sechs möglichen Ausprägungen sind gekennzeichnet durch einen Zufriedenheitsbegriff. Konstruktive Arbeitsunzufriedenheit kann in entgrenzter Arbeitstätigkeit besonders umgesetzt werden. Erwerbstätige können bei konstruktiver Arbeitsunzufriedenheit versuchen die ungünstigen Arbeitsverhältnisse durch subjektive Kompensationsleistungen zu beheben. Zum einen besteht entsprechend der Theorie der Subjektivierung von Arbeit die Möglichkeit der reklamierenden Subjektivität. Sind die gesellschaftlich formulierten Ansprüche zu hoch, sodass sie innerhalb der Arbeit nicht verwirklicht werden können, müssen sie diskursiv reorganisiert werden. Eine solche Veränderung wäre jedoch eine langfristige Lösung, die den konstruktiv Unzufriedenen nicht helfen würde. Eine weitere Möglichkeit der Bewältigung liegt in der sinnlichen Entgrenzung der Arbeit. Wird die Wertigkeit der Arbeit weiter erhöht und das Privatleben zum funktionalen Hintergrund umgestaltet, können auf dessen Kosten neue Ressourcen geschaffen werden, die zur Überwindung der Lage eingesetzt werden können. Progressive Arbeitszufriedenheit resultiert zwar aus einem positiven

Ergebnis aus eigenen Ansprüchen und Arbeitssituation, aber die Steigerung der eigenen Ansprüche führt erneut zu einem Zufriedenheitsdefizit. Resultat bleibt zwar ein Zustand der Zufriedenheit, jedoch nur auf Grund der zuvor erlebten positiven Erfahrung. Ein Grund für die Steigerung des eigenen Anspruchs bei Übereinstimmung bzw. einem Match der Ansprüche und Arbeitssituation kann im Wertewandel gegenüber der Arbeit gefunden werden. Selbstentfaltung geht einher mit dem Streben seine eigenen Fähigkeiten und Kompetenzen weiterzuentwickeln. Arbeit findet immer mehr eine positive Verankerung in der individuellen Identität. Die Berufsrolle bildet dabei eine wesentliche Grundlage für die Identität und das Selbstwertgefühl der Erwerbstätigen. Mit einem erhöhten Anspruch an die Arbeit erhoffen sich progressiv Zufriedene beispielsweise eine höhere Statuszuweisung oder soziales Prestige.

Es wird deutlich, dass Bruggemanns Modell der Arbeitszufriedenheit stark von personenbezogenen Ressourcen abhängig ist. Ein Bestand an Möglichkeiten liegt in den Kontrollüberzeugungen des Einzelnen. Das Konzept des Locus of Control von Rotter (2001) unterscheidet zwischen internaler und externaler Kontrollüberzeugung (Rotter 2001 in Nerdinger et al. 2011: 483). Internal orientierte Personen sind der Überzeugung, ihr Schicksal selbst lenken und Gegebenheiten aktiv beeinflussen zu können. External orientierte Menschen neigen dazu, sich einer Situation schutzlos ausgeliefert zu sehen und anzunehmen, dass eine Veränderung dieses Zustands nicht in ihrer Macht liegt (ebenda: 483).

Gleichermaßen kann das Kohärenzgefühl herangezogen werden, wonach Menschen mit einem hohen Kohärenzgefühl die Welt als begreifbar und beeinflussbar ansehen.

> *„Nach Antonovsky (1997) haben Personen mit dieser globalen Orientierung ein generalisiertes, überdauerndes, aber auch dynamisches Gefühl des Vertrauens, dass Ergebnisse strukturiert, vorhersehbar und erklärbar sind, Ressourcen zur Verfügung stehen, um diese Anforderungen zu bewältigen [und] Anforderungen Herausforderungen darstellen, die es wert sind, Einsatz und Engagement zu zeigen“* (ebenda: 483).

Menschen mit einem hohen Kohärenzgefühl oder einem internalen Locus of Control sind somit bei einem Mismatch zwischen eigenen Ansprüchen und erlebter Arbeitssituation der Meinung den Zustand aktiv bewältigen zu können. Psychologische Ausgleichsprozesse werden dementsprechend bei Menschen stattfinden, die ein niedriges Kohärenzgefühl bzw. externale Kontrollüberzeugungen haben.

7.3. Belastung und Beanspruchung

Innerhalb der bisherigen Arbeit wurden Folgen entgrenzter Arbeit durch Chancen und Risiken für Erwerbspersonen beschrieben. Beim Mismatch zwischen persönlichen Ressourcen und vorgefundener Arbeitsbedingungen kann es zu negativen Folgewirkungen kommen. Bei ausreichenden Ressourcen kommt es stattdessen zu positiven Auswirkungen für die Arbeitenden. Die empirischen Ergebnisse zeigen, dass mit entgrenzten Arbeitsbedingungen die Belastungen und Beanspruchungen für Erwerbstätige steigen. Ebenfalls wurde mit den Konzepten der Arbeitsmotivation und Arbeitszufriedenheit auf die individuelle Wahrnehmung und Bewertung entgrenzter Arbeitsbedingungen eingegangen. Über die arbeitspsychologischen Definitionen von Belastung und Beanspruchung soll deutlich gemacht werden, was unter diesen Begriffen zu verstehen ist und wie sie individuell auf den arbeitenden Menschen einwirken.

Unter Belastungen werden allgemeine Faktoren und Größen (z.B. Lärm, Zeitdruck oder Störungen des Arbeitsablaufs usw.) verstanden. Beanspruchung ist die individuelle Auswirkung von Belastungen in Abhängigkeit von den Fähigkeiten, Ressourcen und Eigenschaften des Betroffenen (Iso 2000: 30). Objektiv gleiche Belastungen können also zu objektiv und/oder subjektiv unterschiedlicher Beanspruchung von Menschen führen (ebenda: 30).

Beanspruchungsfolgen können sowohl positiv als auch negativ sein (ebenda: 31). Positive Beanspruchungsfolgen sind Aktivierung oder Anregung. In Abhängigkeit der individuellen Auffassung von Belastungen entscheidet sich, ob ein Mensch positiv oder negativ bzw. fehlbeansprucht wird.

Fehlbeanspruchung liegt vor, wenn die aus Arbeitsaufgabe sowie Ausführungsbedingungen resultierenden Anforderungen und die individuellen Leistungsvoraussetzungen des Mitarbeitenden nicht übereinstimmen. Eine Fehlbeanspruchung kann sich in Unter- oder Überforderung äußern. Negative Beanspruchungsfolgen resultieren aus Fehlbeanspruchung (Hacker, Richter 1998 in Nerdinger et al. 2011: 477).

Übersteigen die Anforderungen der Arbeitsaufgabe die Handlungspotenziale der Mitarbeitenden entsteht Beanspruchung, die dann in Überforderung übergeht, wenn die Arbeitssituation diesen Spannungszustand nicht reduziert. Abbildungen 7 und 8 zeigen kurz- und mittelfristige Beanspruchungsfolgen. Vor allem mittel- bis langfristige Folgen sind für die Betrachtung von besonderer Bedeutung, da davon auszugehen ist, dass damit ein kontinuierlicher Mismatch zwischen Arbeitstätigkeit und individuellem Handlungspotenzial einhergeht.

Betrachtungs-ebene	*Auswirkungen*	
	Kurzfristige Beanspruchungsfolgen	*Mittel- bis langfristige Beanspruchungsfolgen*
Physiologisch/ somatische Reaktionen	• Ansteigen der Herzfrequenz • Blutdrucksteigerung • Schweißausbruch • Muskelschmerzen • Durchfall • Erhöhte Atemfrequenz	• Bluthochdruck • Infarkt/Koronarerkrankungen • Magen-/Darmerkrankungen • Erkrankungen des Stütz- und Halteapparats • Rheumatische Erkrankungen • Infektionen • Hautallergien
Psychische Empfindungen	• Misserfolgsgefühl, Frustration • Monotonie • Sättigung • Ermüdung • Ärger, Gereiztheit	• Depression • Angst, Ängstlichkeit • Permanente Erschöpfung • Unzufriedenheit • Schmerzen, körperl. Unwohlsein

Abbildung 7: Beanspruchungsfolgen I modifiziert nach Frieling, Sonntag 1987.

Betrachtungs-ebene	*Auswirkungen*	
	Kurzfristige Beanspruchungsfolgen	*Mittel- bis langfristige Beanspruchungsfolgen*
Beobachtbares Verhalten	• Leistungsschwankungen • Konzentrationsmängel • Fehler in der Arbeitsausführung • Verschlechterung der Feinmotorik • Erhöhte Reizbarkeit / Unfreundlichkeit	• Chronischer Leistungsabfall / Burnout • Nikotin-, Alkohol-, Drogenmissbrauch • Gehäufte Fehlzeiten, Arztbesuche • Soziale Isolierung • Konflikte / Mobbing

Abbildung 8: Beanspruchungsfolgen II modifiziert nach Frieling & Sonntag 1987.

Fehlbeanspruchung beeinflusst sowohl Arbeitsmotivation, als auch die Arbeitszufriedenheit der Mitarbeitenden (Kleinbeck, Kleinbeck 2009: 198). Weitreichende Konsequenzen hat ein überdauernder Zustand von Fehlbeanspruchung in physiologischen bzw. somatischen Reaktionen der Erwerbstätigen (siehe Abbildung 7). Auch beim beobachtbaren Verhalten wird deutlich, dass Fehlbeanspruchung weitreichende Folgen für die Menschen hat, z.B. soziale Isolation oder Alkohol- bzw. Drogenmissbrauch.

Weiterhin werden Psychische Belastungen als die Gesamtheit der erfassbaren Einflüsse, die von außen auf den Menschen zukommen und auf ihn psychisch einwirken verstanden (Nerdinger et al. 2011: 476).

7.3.1. Stress als Folge von Belastungen am Arbeitsplatz

In Bezug auf die individuelle Verfasstheit von Arbeitenden soll das Stressmodell von Lazarus darstellen, wie Stress als subjektive Reaktion auf den Widerspruch zwischen (Arbeits-)Situation und vorhandenen Ressourcen entsteht. Stress kann als verbreitete Folge von Arbeitsbedingungen angesehen werden, welche die Kompetenzen der Arbeitenden überschreiten.

In Bezug auf allgemeine Belastungen und Beanspruchung wird Stress als

> *„ein subjektiv intensiv unangenehmer Spannungszustand [verstanden], der aus der Befürchtung entsteht, dass eine stark aversive, subjektiv zeitlich nahe (oder bereits eingetretene), subjektiv lang andauernde Situation sehr wahrscheinlich nicht vollständig kontrollierbar ist, deren Vermeidung aber subjektiv wichtig erscheint“* (Nerdinger et al. 2011: 477).

Stressoren sind (Arbeits-)Faktoren, die mit erhöhter Wahrscheinlichkeit Stress (oder Stressempfinden) auslösen (Nerdinger et al. 2011: 477). Stressempfinden bei Erwerbstätigen ist somit Ursache von Stressoren am Arbeitsplatz, d.h. von subjektiv wahrgenommenen Belastungen in Bezug auf die eigenen Ressourcen (ebenda: 478).

Somit stellt sich die Frage, weshalb die Konfrontation mit Stressoren am Arbeitsplatz bei manchen Menschen Stress entwickelt und bei anderen nicht (ebenda: 477). Zur Erörterung dieser Frage wird anschließend das transaktionale Stressmodell dargestellt.

7.3.1.1. Das transaktionale Stressmodell

Das transaktionale Stressmodell von Lazarus thematisiert den Mismatch zwischen Arbeitsanforderungen und den zur Verfügung stehenden individuellen Ressourcen. Stresssituationen sind „komplexe und dynamische Interaktions- und Transaktionsprozesse zwischen den Anforderungen der Situation und dem handelnden Individuum“ (Greif 1991: 9). Ob bei einer Person Stress entsteht hängt von drei vorausgehenden Bewertungsprozessen ab: dem primary appraisal, dem secondary appreaisal und dem re-appriasal. (Nerdinger et al. 2011: 479).

Beim primary appraisal (Erstbewertung) bewertet die Person die neue Situation (z.B. Übernahme einer neuen Aufgabe) darauf hin, ob Anforderungen vorliegen oder auftreten können, die als bedrohlich angesehen werden. Liegt die Einschätzung einer bedrohlichen Situation (z.B. negative Konsequenzen für die Karriere bei Nicht-Erfüllung der Aufgabe) vor kommt es zum secondary appraisal (Zweitbewertung). In der zweiten Beurteilung wird entschieden, ob ausreichende Ressourcen zur Bewältigung der Anforderungen vorhanden sind (z.B. ausreichende Fähigkeiten oder Zeit). Nach der Bewertung der zur Verfügung stehenden Ressourcen wird im re-appraisal (Drittbewertung) geprüft, ob die Anforderungen damit zu bewältigen sind oder ob weiterhin ein bedrohlicher Zustand herrscht (Nerdinger et al. 2011: 479f.).

> *„Stress entsteht gemäß dem transaktionalen Modell also dann, wenn die Person befürchtet oder wahrnimmt, dass sie die Situationsanforderungen auf Grund mangelnder Ressourcen oder nicht ausreichender bzw. ineffektiver Bewältigungsstrategien nicht bewältigen kann“* (ebenda: 480).

Menschen unterscheiden sich nicht nur im Vorhandensein von Ressourcen, sondern auch in der Art und Weise, wie sie in Stresssituationen reagieren (ebenda: 484). Die beiden wichtigsten Bewältigungsformen bzw. Coping-Arten sind problembezogenes (instrumentelles) und emotionsbezogenes (palliatives) Coping. Personen mit einem instrumentellen Copingstil sind dadurch gekennzeichnet, dass sie konkrete Aktionen unternehmen, um die aktuelle Bedrohung abzuwenden (z.B. Veränderungen der eigenen Arbeitsweise, Aneignung neuer Kompetenzen, offenes Ansprechen und Austragung von Konflikten). Bei emotionsbezogenen Bewältigungsformen kommt es nicht zu direkten Handlungen, sondern Emotionsregulationen.

> *„Unter emotionsbezogener („palliativer“) Stressbewältigung versteht Lazarus jene Anstrengungen, die zunächst auf die Emotionsregulierung gerichtet sind. Innerhalb jeder Funktion werden vier Bewältigungsarten unterschieden: Informationssuche, direktes Handeln, Unterlassen von Handlungen sowie intrapsychisches Bewältigen“* (Krohne 1997: 269).

Weiterhin können Individuelle Ressourcen einer Person dazu beitragen, wie im Umgang mit Stress reagiert wird.

> *„Neben allgemeinen Persönlichkeitsmerkmalen wie Selbstvertrauen, Optimismus oder Neurotizismus […] sind Kontrollüberzeugungen (siehe Arbeitszufriedenheit in*

Bezug auf Entgrenzung) zu nennen, die einen Einfluss darauf haben wie anfällig eine Person für potenzielle Stressoren ist" (Nerdinger et al. 2011: 483).

Menschen mit niedrigen Kontrollüberzeugungen sind auch weniger der Überzeugung eine Stresssituation aktiv bewältigen zu können (ebenda: 483).

7.3.2. Übertragung der Theorien zur Belastung und Beanspruchung auf entgrenzte Arbeitsverhältnisse

Erwerbstätige in entgrenzten Arbeitsverhältnissen erfahren objektive Belastungen durch ihre Arbeitstätigkeit. Dabei unterscheiden sie sich jedoch nicht von Arbeitenden in nicht-entgrenzten Arbeitstätigkeiten. In der Beanspruchung äußern sich die individuellen Auswirkungen von Belastungen in Bezug auf die eigenen, individuellen Ressourcen und Kompetenzen. Die Beanspruchungsfolgen können sowohl negativ, als auch positiv sein, je nach subjektiver Auffassung hinsichtlich der Passung zwischen Belastung und vorhanden Ressourcen.

Die Ergebnisse des Fehlzeitenreports 2012 (Badura et al. 2012) zeigen auf, dass Erwerbspersonen in Entgrenzung mehr Belastung und Beanspruchung erfahren. Dazu gehören sowohl objektive, als auch psychische Belastungen. Objektive Belastungen (z.B. Störungen des Arbeitsablaufs durch Privates bei Homeoffice-Tätigkeiten oder Zeitdruck) werden durch zeitliche, räumliche und inhaltliche Entgrenzung erhöht. Während in klassischen Arbeitsverhältnissen betrieblich kontrollierte Belastungen auf die Mitarbeitenden einwirken, entstehen Belastungen in entgrenzten Arbeitstätigkeiten unkontrolliert in Form einer Eigenverantwortlichkeit bei zeitlich, räumlich und inhaltlicher entgrenzter Arbeitsausführung. Daraus resultiert, dass vermehrt die Gefahr besteht, dass die Vielzahl an Belastungen die individuellen Ressourcen bzw. Kompetenzen der Arbeitenden übersteigen und so zu Fehlbeanspruchung führen. Je nach subjektiver Arbeitsgestaltung kann es demnach zu positiven oder negativen Folgewirkungen kommen. Damit kann die theoretisch formulierte Ambivalenz für die Folgen von Entgrenzung auf arbeitspsychologische Weise erklärt werden. Psychische Belastungen werden dabei verstärkt bei entgrenzten Arbeitstätigkeiten auftreten, da die erfassbaren äußeren Einflüsse auf den Menschen durch die Entgrenzung zunehmen. In der Definition von Fehlbelastung wird der Mismatch zwischen der Passung von subjektiven Ansprüchen und Kompetenzen und entgrenzten Arbeitsbedingungen verdeutlicht. Die Arbeitsaufgabe bzw. die Arbeitsausführung erfordert Ressourcen, die die individuellen Voraussetzungen der Arbeitenden übersteigen. Die mittel- bis langfristigen Beanspruchungsfolgen können somit auch als Folgen eines

Mismatch zwischen dem doppelten Subjektivierungsprozess bzw. der Entgrenzung von Arbeit und subjektiven Ansprüchen bzw. Ressourcen angesehen werden. Fehlbeanspruchung hat weitreichende Konsequenzen für die Arbeitenden. Neben körperlichen Auswirkungen hat Fehlbeanspruchung auch Einfluss auf die Motivation und Zufriedenheit der Menschen. Wenn entgrenzte Arbeitsverhältnisse die Menschen fehlbelasten, sind vor allem mittel- bis langfristige Folgen beim psychischen Empfinden und im beobachtbarem Verhalten relevant für die Frage, was die Ambivalenz in entgrenzten Arbeitsverhältnissen kennzeichnet. Es wird deutlich, dass es immer auf die individuelle Übereinstimmung zwischen Ressourcen und Kompetenzen in Bezug auf die Arbeit ankommt, ob entgrenzte Arbeit als Chance oder Gefahr wahrgenommen wird.

7.3.3. Übertragung der Stresstheorien auf entgrenzte Arbeitsverhältnisse

Stress ist per Definition ein individueller Spannungszustand, der aus der wahrgenommenen Überforderung der eigenen Ressourcen in Bezug auf die Arbeitsaufgabe resultiert. In entgrenzten Arbeitsverhältnissen kann es vermehrt zu Stressempfinden kommen, da durch die Flexibilisierung der Arbeit nahezu der gesamte Arbeitsprozess auf das Individuum verlagert wird. Von der Problemidentifizierung, über die Bearbeitung, bis zum Ergebnis stehen Erwerbstätige in eigener Verantwortung ihre Fähigkeiten der Aufgabenbewältigung anzupassen. Dabei stellen vor allem zeitliche und inhaltliche Entgrenzungsfolgen mögliche Stressoren dar.

Erwerbspersonen müssen die zeitlich knapp kalkulierten Arbeitsaufträge in Eigenverantwortung mit dem Privatleben und sozialen Verpflichtungen verknüpfen. Eine solche Vermischung von Arbeits- und Privatleben wird in den theoretischen Folgen entgrenzter Arbeit als neue Herausforderung für Arbeitende beschrieben. Somit kann angenommen werden, dass diese Entgrenzungsdimension einen Stressor für Arbeitende darstellt. Unzureichendes Zeitmanagement für die Verbindung des Privat- und Berufsleben wird demnach zunehmend zu Stressempfinden bei Arbeitenden führen.

Räumliche Entgrenzungsdimensionen werden, wie die Befunde des Fehlzeitenreports 2012 (Badura et al.) zeigen, von den Arbeitenden als belastend beschrieben. Insbesondere übermäßiges Pendeln kann somit als Auslöser für Stressempfinden angesehen werden. Welche Ressource der jeweiligen Arbeitenden überschritten wird, ist jedoch abhängig von den individuellen Persönlichkeitseigenschaften. Die empirische Datenlage lässt jedoch den Schluss zu, übermäßige räumliche Entgrenzung als Stressor am Arbeitsplatz zu benennen.

Ebenfalls müssen die Mittel der Arbeitsausführung in Selbstverantwortung koordiniert werden. Inhaltliche Entgrenzung erfordert weitreichendere Kompetenzen in Bezug auf die eigene Arbeit. Neuartige Arbeitsaufgaben erfordern innovative Arbeitskonzepte, die entweder mit den individuellen Kompetenzen der Arbeitenden übereinstimmen oder nicht. Überschreiten die Arbeitsanforderungen die individuellen Fähigkeiten der Erwerbspersonen, kommt es bei inhaltlich entgrenzten Tätigkeiten zu Stressempfinden.

Eine Möglichkeit neuartige Aufgaben zu bewältigen ist die kontinuierliche Weiterbildung der eigenen Fähigkeiten innerhalb oder außerhalb der Arbeit. Eine solche Form der Stressbewältigung kann dem instrumentellen Coping zugeschrieben werden.

Stressbewältigung bzw. Coping bezieht, bzw. entsteht unter problematischen insbesondere neuartigen Bedingungen (Krohne 1997: 269). Entgrenzung stellt eine solche neuartige Bedingung für Erwerbspersonen dar. Arbeitende sehen sich dementsprechend im täglichen Umgang mit ihrer Arbeitstätigkeit Stressoren ausgesetzt. Das Stressmodell von Lazarus verdeutlicht, dass Stressempfinden aus einer Folge von Bewertungen der Situation resultiert, in denen Anforderungen und eigene Fähigkeiten abgewogen werden. Instrumentelle Stressbewältigung forciert die aktive Auseinandersetzung mit dem Stressor, um eine Bewältigung des subjektiven Spannungszustands zu bewerkstelligen.

Instrumentelles Coping findet wahrscheinlicher bei Personen statt, die über hohe Kontrollüberzeugungen verfügen. Eine weitere wichtige Dimension, die auch Lazarus der Stressbewältigung zuschreibt, ist die Selbst-Kontrolle (Krohne 1997: 269). Damit lässt sich Stressbewältigung zwar mit einer Dimension des Arbeitskraftunternehmers verknüpfen, dennoch wird damit nur die individuelle Verantwortlichkeit bei der Bewerkstelligung einer Passung zwischen Arbeitssituation und eigenen Kompetenzen verdeutlicht.

Eine weitere Möglichkeit mit Stress umzugehen ist das palliative Coping. Dabei richten sich die Bewältigungsstrategien auf die Emotionsregulierung. Entgegen der Auffassung belastende Situationen kontrollieren zu können, sehen sich Arbeitende der Situation hilflos ausgeliefert und versuchen stattdessen die Belastung durch emotionale Regulierung zu reduzieren.

Eine solche Form der Stressbewältigung findet entsprechend bei Menschen mit niedrigen Kontrollüberzeugungen statt und kann als Erklärung dienen, weshalb Menschen entgrenzte Tätigkeiten als belastend beschreiben. In Bezug auf die Ergebnisse des Fehlzeitenreports (Badura et al. 2012) werden Erwerbspersonen, die über psychische

Folgen der Arbeit berichten, palliatives Coping betreiben. Jene, die instrumentelle Stressbewältigung bewerkstelligen können, werden die Tätigkeit weiterhin als positiv bewerten.

7.4. Identifikation und Commitment mit Organisationen

Neben den dargestellten Theorien zur Erklärung von Arbeitsmotivation haben auch die arbeitspsychologischen Konstrukte der Identifikation und Commitment Einfluss auf die Motivation der Beschäftigten. Deshalb sollen im Folgenden beide Begriffe dargestellt und auf das Phänomen der Entgrenzung von Arbeit übertragen werden.

7.4.1. Identifikation

Unter organisationaler Identifikation versteht man die umfassende Bindung der Angestellten an die Organisation bzw. an das Unternehmen. Der Einzelne entwickelt, aus dem Wissen über die Zugehörigkeit zur Organisation, spezielle Einstellungen und Gefühle, die das Handeln beeinflussen (van Dick 2004: 2).

Das Grundgerüst bildet die Theorie der Sozialen Identität, die zwischen personaler und sozialer Identität trennt und die soziale Identität

> *„als den Teil des Selbstkonzepts einer Person [definiert], der dem Wissen über die Mitgliedschaft einer sozialen Gruppe entstammt, zusammen mit dem Wert und der emotionalen Bedeutung, die mit dieser Mitgliedschaft verbunden sind“* (van Dick 2004: 14).

Ein Unternehmen ist eine soziale Gruppe bzw. die Gesamtheit vieler verschiedener Untergruppen unter einem übergeordneten Ziel (Witte 2002: 151). Die Erweiterung durch die Theorie der Selbstkategorisierung beschreibt das Verhalten von Menschen, die sich einer Organisation zugehörig fühlen. Die bloße Zuschreibung zu einer Gruppe kann als Identifikation **als** Mitglied einer Gruppe verstanden werden, wodurch jedoch kein spezielles Handeln ausgelöst wird. Erst dann, wenn ein Kontext auftritt in dem die Mitgliedschaft zu einer sozialen Gruppe hervorsticht, entsteht die Identifikation **mit** einer Gruppe. Dann entstehen Konsequenzen für das individuelle Denken, Fühlen und Handeln. Das Phänomen einer solchen Selbstzuschreibung wird als kognitive Dimension der Identifikation verstanden und bildet die notwendige Voraussetzung für ein durch Identifikation ausgelöstes Verhalten (van Dick 2004: 13ff.).

Die Identifikation **mit** einer Gruppe besteht wiederum aus drei Dimensionen. Nach der kognitiven Komponente setzt die evaluative Komponente ein. Diese beschreibt die positive oder negative Bewertung, die mit der Mitgliedschaft assoziiert wird, d.h. die Wahrnehmung der Attribute, die der Gruppe von außen zugeschrieben werden (van Dick 2004: 15). Nach der Selbstkategorisierung und parallel zur Evaluation der Gruppenattribute kommt es zur affektiven Identifikation mit der Gruppe, die die gefühlsmäßige Bewertung der Gruppenmitgliedschaft bezeichnet (van Dick 2004: 16). Auswirkungen auf das menschliche Verhalten haben die konativen Aspekte der Identifikation, welche beschreiben wie stark der Einzelne sich auch im Verhalten für die Werte und Ziele der Gruppe einsetzt (Ellemers et. al. 1999: 372).

Insgesamt ist organisationale Identifikation „die ganzheitliche Bindung an die Organisation (oder an Teile der Organisation, z.B. Abteilungen oder Arbeitsgruppen)" (Witte 2002: 151). Je mehr die Erwerbsperson sich mit der Organisation identifiziert, desto eher wird sie in ihrem Denken und Handeln die Perspektive der Organisation übernehmen und zu deren Vorteil agieren (van Dick 2004: 4).

Weiterhin kann organisationale Identifikation zur Befriedigung menschlicher Grundbedürfnisse beitragen. Dazu gehört das Bedürfnis nach Sicherheit (vgl. Bedürfnispyramide nach Maslow). Das Zugehörigkeitsgefühl zur Gruppe kann sowohl die Wahrnehmung externer Bedrohungen, als auch die Angst sozialer Isolation reduzieren (van Dick 2004: 11).

Erwerbstätige, die stärkere organisationale Identifikation aufweisen, äußern ebenfalls weniger körperliche Beschwerden, empfinden ihre Arbeit als bedeutsamer, sind motivierter und zufriedener mit ihrem Beruf (Witte 2002: 159). De Moura und Kollegen (2009) unterstreichen zudem den Zusammenhang zwischen Identifikation und Arbeitszufriedenheit (De Moura et. al. 2009: 550ff.).

7.4.2. Übertragung von Identifikation auf entgrenzte Arbeitsverhältnisse

Erwerbstätige in entgrenzten Arbeitsverhältnissen sehen sich trotz aller Entgrenzungsdimensionen weiterhin betrieblicher bzw. organisationaler Rahmenbedingungen ausgesetzt. Arbeitstätigkeiten finden weiter in einem organisationalen Rahmen (mit Ausnahme selbstständiger Dienstleistungstätigkeiten) statt, weshalb davon ausgegangen werden kann, dass organisationale Identifikation für das Verhalten von Erwerbstätigen in entgrenzten Arbeitsverhältnissen von Relevanz ist.

Voraussetzung für durch Identifikation ausgelöstes Verhalten ist die Selbstzuschreibung. Es kann angenommen werden, dass die Identifikation mit einer Gruppe durch den arbeitsbezogenen Wertewandel verstärkt wird. Wie die arbeitspsychologischen Ausführungen über die Bedeutung und Wirkung der Arbeit gezeigt haben, hat die Berufsrolle eine wesentliche Bedeutung für die Identität und das Selbstwertgefühl der Erwerbspersonen. Damit wird die Bedeutung der Arbeit für die personale Identität hervorgehoben und es kann davon ausgegangen werden, dass Erwerbstätige weiterhin versuchen, ihre soziale Identität über ihre Arbeit zu definieren. Ob der Organisation positive Merkmale zugeschrieben werden, hängt entsprechend der Theorie der normativen Subjektivierung davon ab, ob Organisationen die Selbstentfaltung und eigenverantwortliches Handeln ihrer Mitarbeitenden betonen.

Organisationale Identifikation kann der Arbeit eine neue Sinndimension verleihen. In Bezug auf sinnliche Entgrenzung wirkt organisationale Identifikation sinn- und motivationsstiftend. Dadurch, dass sich Arbeitende die Werte und Ziele der Gruppe selbst zuschreibt, wird das eigene Verhalten zum Wohl der Organisation ausgerichtet.

Starke organisationale Identifikation kann einen Erklärungsansatz für die Probleme bei der Vermischung von Privat- und Berufsleben bieten. Je stärker sich Erwerbstätige für die Werte und Ziele einer Organisation einsetzen, desto eher besteht die Wahrscheinlichkeit der Vernachlässigung privater Verpflichtungen. Sind Aufopferungsbereitschaft und pünktliche Aufgabenbewältigung hervorgehobene Werte einer Organisation, werden Erwerbstätige, die sich stark mit der Gruppe identifizieren, eher auf private Erlebnisse zugunsten der zu bewältigen Arbeitsaufgabe verzichten und gegebenenfalls die Arbeitsaufgabe auf Kosten des Privatlebens verrichten.

Ebenso kann starke organisationale Identifikation das Phänomen der interessierten Selbstgefährdung erklären. Dabei zeigen Beschäftigte ohne Aufforderung oder Anweisung Verhaltensweisen von denen sie wissen, dass diese auf Dauer negative Auswirkungen haben. Dazu gehört insbesondere die Arbeitsausführung trotz Erkrankung, Verzicht auf Arztbesuche oder das Vernachlässigen von Erholungsaktivitäten und sozialen Kontakten. Entscheidend für ein solches Verhalten sind die innerbetrieblich kommunizierten Ziele und Werte. Je stärker die Identifikation mit einer Organisation ist, in der Erfolg als oberstes Ziel angesehen wird, desto wahrscheinlicher ist ein Verhalten der interessierten Selbstgefährdung. Ein solches Verhalten kann als vollkommende Übernahme der Perspektive der Organisation und deren Werte angesehen werden.

Van Dick bestätigt, dass Mitarbeitende, die sich stärker mit der Organisation identifizieren, neugewonnene Freiräume weniger zugunsten persönlicher Interessen ausnutzen, sondern sich stärker im Sinne der Organisation engagieren (van Dick 2004: 8).

Die beschriebenen Zusammenhänge zwischen organisationaler Identifikation, Motivation und Arbeitszufriedenheit verdeutlichen die Bedeutung des Phänomens für die Frage, was das Verhalten der Erwerbstätigen in entgrenzten Arbeitsverhältnissen begründet und was sie motiviert.

7.4.3. Commitment

Organisationales Commitment beschreibt, inwieweit sich Menschen ihrer Organisation oder Teilen der Organisation zugehörig und verbunden fühlen (van Dick 2004: 3). Aus dieser Definition heraus scheint Commitment sich nicht von dem Konzept der Identifikation zu unterscheiden. Jedoch trennen sich die Begriffe dort, wo das affektive, normative und fortsetzungsbezogene Commitment greifen (ebenda: 3). Das affektive Commitment meint vor allem eine emotionale Bindung, d.h., dass Menschen der Zugehörigkeit eine hohe emotionale Bedeutung beimessen. Normatives Commitment bezeichnet die Verbundenheit aus ethisch-moralischen Gründen, z.B. aus einem Reziprozitätsempfinden heraus, das die Verbundenheit daher gehend begründet, dass Arbeitende ihre Berufsausbildung der Firma zu verdanken haben oder Unterstützung durch Vorgesetzte oder Kollegen erfahren haben (ebenda: 3). Unter fortsetzungsbezogenem Commitment wird die Bindung an die Organisation auf Grund von Kosten verstanden, die mit einem Wechsel der Organisation verbunden wären (ebenda: 4).

> *„Personen mit affektivem Commitment bleiben bei der Organisation, weil sie es wollen, Personen mit normativen Commitment, weil sie glauben, sie sollten und Personen mit fortsetzungsbezogenem Commitment, weil sie es müssen"* (Petersen 1999 in van Dick 2004: 4).

Identifikation beruht vor allem auf wahrgenommener Ähnlichkeit und geteilten Überzeugungen, während Commitment sich auf Grundlage zweier Faktoren entwickelt: zum einen der Summe aller Merkmale, die eine Arbeit als interessant und wertvoll erscheinen lässt und zum anderen auf der austauschtheoretischen Grundlage, d.h. die Organisation versorgt die Mitarbeitenden mit bestimmten Gütern, weshalb diese gerne in der Organisation verbleiben (ebenda: 5).

„*Hat sich Commitment einmal entwickelt, ist also die positive Einstellung gegenüber der Organisation gebildet und gefestigt, kann man sie als relativ überdauernd annehmen*" (ebenda: 5).

Abbildung 9 veranschaulicht wie sich die Konzepte von Identifikation und Commitment unterscheiden, welche Voraussetzungen zu Identifikation und Commitment führen und welche Konsequenzen dies mit sich bringt.

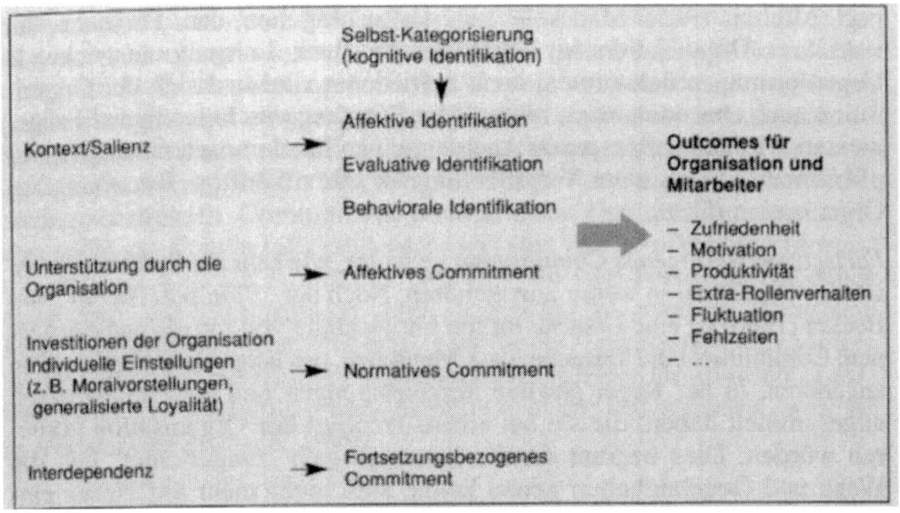

Abbildung 9: Komponenten von Identifikation und Commitment (van Dick 2004: 17).

Abbildung 9 zeigt, dass sowohl Identifikation, als auch Commitment bei den Mitarbeitenden zu mehr Zufriedenheit und Motivation führt (ebenda: 17). Somit können beide Konzepte als Grund für Motivation und Verbleib in entgrenzten Arbeitsverhältnissen angesehen werden.

7.4.4. Übertragung von Commitment auf entgrenzte Arbeitsverhältnisse

Im Gegensatz zur Identifikation beruht Commitment auf der Summe der wahrgenommenen Merkmale, die eine Arbeit interessant erscheinen lassen und der austauschtheoretischen Beziehung zwischen Arbeitenden und Auftraggebenden. Dabei können Erwerbstätige entweder Teil einer Organisation sein oder sie bekommen als freie Mitarbeitende durch Außenstehende Arbeitstätigkeiten vermittelt. Solche Arbeitsverhältnisse sind durch Subjektivierungs- und Entgrenzungsdimensionen gekennzeichnet.

Für den Fall, dass Aufgaben an freie Mitarbeitende oder Subunternehmen (charakteristisch entgrenzte Arbeitsverhältnisse) vergeben werden, ist die Organisation trotzdem daran interessiert, dass diese Aufgaben qualitativ gut ausgeführt werden. Identifikation kann dabei keine Rolle spielen, stattdessen ist jedoch Commitment bezüglich der zu erledigenden Aufgabe wünschenswert (van Dick 2004: 9). Zusätzlich führt starkes affektives Commitment bei den Beschäftigten zu einer freiwilligen Produktivitätssteigerung (ebenda: 13).

Bei der Entstehung von Commitment kommt es auf wahrgenommene Merkmale der Arbeit an. In Bezug auf Subjektivierung bedeutet dies, dass normative Subjektivierung einen Einfluss auf das Commitment der Arbeitenden hat. Nur dann wenn subjektive Ansprüche in der Arbeit verwirklicht werden können, wird die Arbeit interessant und wertvoll erscheinen. Die psychologische Bedeutung der Arbeit, insbesondere des Arbeitsinhalts, verdeutlicht, dass Commitment ein Resultat umgesetzter Ansprüche von den Arbeitenden ist und der Arbeitsinhalt den psychologischen Forderungen der Erwerbstätigen gerecht wird.

Mit der austauschbasierten Komponente des Commitments kann auf die motivationalen Bedürfnisse der Arbeitenden verwiesen werden. Insbesondere fortsetzungsbezogenes Commitment unterstreicht die Bedeutung der Arbeit für die Existenzsicherung.

Commitment basiert ebenfalls auf sehr subjektiven Wahrnehmungen der Arbeitenden. Sind subjektive Ansprüche an die Arbeit und die Entlohnung gegeben, kommt es zur Beeinflussung des Verhaltens. Abbildung 9 verdeutlicht, dass sowohl Identifikation, als auch Commitment arbeitsbezogene Verhaltensweisen beeinflussen. Arbeitende sind motivierter, erleben eine höhere Arbeitszufriedenheit und wechseln bzw. fehlen unwahrscheinlicher am Arbeitsplatz. Commitment stellt somit eine weitere subjektive Komponente dar, die Arbeitende in entgrenzten Arbeitsverhältnissen motivational beeinflusst.

8. Fazit

Die Arbeit hat gezeigt, welche Faktoren auf das motivationale Arbeitshandeln der Erwerbstätigen einwirken und wie entgrenzte Arbeitsverhältnisse damit in Verbindung stehen. Zunächst wurde dargestellt, dass die Notwendigkeit von Produktivitätssteigerungen traditionelle Methoden der Arbeitskraftnutzung unzureichend werden lassen. Die Arbeitssoziologie beschreibt den Wandel der Erwerbsarbeit mit dem Begriff der Subjektivierung von Arbeit. *Subjektivierung von Arbeit* bedeutet eine Intensivierung von individuellen Wechselverhältnissen zwischen Arbeitenden und Betrieb. Erwerbsarbeit unterliegt dabei einem *doppelten Subjektivierungsprozess*. Dieser äußert sich einerseits durch betriebliche Veränderungen zur Produktivitätssteigerung, die den funktionalen Bedarf an subjektiven Leistungen und Fähigkeiten der Arbeitenden erhöhen. Gleichermaßen tragen Erwerbstätige neuartig Ansprüche an die Arbeit heran. Das Resultat ist eine Entgrenzung der Arbeit in ihren wichtigsten Dimensionen, um das gesamte Arbeitspotenzial der Arbeitenden auszuschöpfen.

Auf der einen Seite bewirken betriebliche Veränderungen subjektive Handlungen der Arbeitenden: *kompensatorische Subjektivität* beschreibt subjektive Handlungen zur Bewältigung technisch-organisierter Mängel, um Störungen des Arbeitsprozesses flexibel zu bewältigen und deren Entstehung zu verhindern. *Strukturierende Subjektivität* meint für die Sicherung eines funktionalen Ablaufs von Arbeit in geeigneter Weise selbst Strukturen zu schaffen und seine Arbeitskraft dadurch in passender Weise in die betrieblichen Erfordernisse einzupassen. *Reklamierende Subjektivität* ist die diskursive Auseinandersetzung mit gesellschaftlich formulierten Ansprüchen und der eigenen Arbeitssituation, um diese im alltagspraktischen Handeln umsetzen zu können.

Auf der anderen Seite stehen die subjektiven Ansprüche der Arbeitenden an die Arbeit, welche durch einen gesellschaftlichen Wertewandel forciert werden. Baethge (1991) definiert dies als *normative Subjektivierung*. Diese meint die Geltendmachung persönlicher Ansprüche, Vorstellungen und Forderungen innerhalb der Arbeit, insbesondere der subjektive Sinn, den Arbeitende mit der Tätigkeit verbinden. Solche Bedürfnisse sind inhaltlich, kommunikativ und expressiv. Sie formen den „modernen Facharbeiter" (Baethge 1991: 7), dessen inneres Verhältnis zur Arbeit durch Selbstbewusstsein und Stolz gekennzeichnet ist. Arbeit erfährt somit eine positive Verankerung in der individuellen Identitätskonstruktion von Arbeitenden.

Der doppelte Subjektivierungsprozess forciert sowohl eine Veränderung der Arbeitskraftnutzung, als auch eine Veränderung des Verhältnisses der Arbeitenden gegenüber der Arbeitstätigkeit. Der *Arbeitskraftunternehmer* kann als ein möglicher gesellschaftlicher Typus von Arbeitskraft in Folge einer Subjektivierung von Arbeit angesehen werden. Insbesondere die normative Subjektivierung führt dazu, dass Unternehmen den modernen Arbeitnehmer nicht selbst produzieren müssen, sondern, dass die Gesellschaft diesen in zunehmendem Maße selbst produziert. Diese Art der Arbeitskraft ist durch *Selbst-*

Kontrolle, *Selbst-Ökonomisierung* und *Selbst-Rationalisierung* gekennzeichnet. Die Dimension der Selbst-Kontrolle beinhaltet, dass Arbeitende einer durch ökonomische Randbedingungen kanalisierten Selbststeuerung der eigenen Arbeitskraft überlassen sind. Die Kontrollleistungen beziehen sich auf das gesamte Spektrum der Arbeitstätigkeit (zeitlich, räumlich, sozial, fachlich, sinnlich und motivational). Anstelle des defensiven Verkaufs rückt die offensive Selbst-Vermarktung bzw. Selbst-Ökonomisierung der eigenen Arbeitskraft. Weiterhin ist die Ware Arbeitskraft durch eine Selbst-Rationalisierung gekennzeichnet, bei der Arbeitende die eingesetzte Arbeitskraft selbst Kriterien der Produktivitätssteigerung unterziehen. Als Folge dessen kommt es zu einer aktiv zweckgerichteten, alle Lebensbereiche umfassenden und alle individuellen Ressourcen nutzenden systematischen Organisation des gesamten Lebenszusammenhangs.

Faust (2002) kritisiert diesen Idealtypus von Arbeitskraft, indem er hervorhebt, dass die Typologie auf einer objektiv-subjektiv-pendelnden Argumentation basiert, wodurch immer eine Dimension des Arbeitskraftunternehmers aufzufinden ist. Die gesellschaftliche Entwicklung führt demnach nicht zu unvermeidlich zum dargestellten Idealtypus von Arbeitskraft. Stattdessen sind weitere Faktoren (z.B. politische Einflüsse) zu beachten, die eine Entwicklung des Arbeitendentypus beeinflussen. Vor allem ist nicht eindeutig, ob Individuen überhaupt entsprechend den beschriebenen Dimensionen handeln wollen bzw. werden.

Generell bewirkt der doppelte Subjektivierungsprozess eine Veränderung der Erwerbsarbeit. Betriebliche Veränderungen zur Produktivitätssteigerung unter Einsatz der subjektiven Leistungen der Arbeitenden und deren subjektive Ansprüche an die Arbeit führen zu einer *Entgrenzung von Arbeit*. Entgrenzungserscheinungen in der Erwerbsarbeit sind vielseitig. Betriebliche Entgrenzung wird als eine Auflösung der Grenzen der Organisation gegenüber dem Markt verstanden. Ebenso sind die elementaren Dimensionen der Erwerbsarbeit von Entgrenzung betroffen. Arbeitszeit in Entgrenzung ist flexibilisiert und individualisiert, wodurch ursprüngliche zeitliche Regelungen an Bedeutung verlieren und neue Arbeitszeitkonzepte, wie die Vertrauensarbeitszeit, an deren Stelle angewendet werden. Auch räumlich sind vermehrt Entgrenzungsdimensionen zu verzeichnen. Körperliche Anwesenheit wird durch neue Arbeitskonzepte, wie z.B. die Tele-/Heimarbeit, zunehmend unwichtiger. Arbeitsmittel werden entstandardisiert bzw. entgrenzt, d.h. es ist den Arbeitenden selbst überlassen, welche Mittel zur Problemlösung herangezogen werden. Durch neue Arbeitsformen, insbesondere durch Team- und Gruppenarbeit, wird die traditionelle betriebliche Hierarchie entgrenzt. Auch sinnhaft und motivational sind

Entgrenzungserscheinungen zu beobachten. Einkommens- und Karriereorientierungen werden durch individuelle Zielsetzungen und sinnhafte Identifikation mit der Arbeit erweitert.

Eine besondere Herausforderung erfahren die Arbeitenden in der *Vereinbarung von Arbeit und Privatleben*. Zeitliche und räumliche Entgrenzung forciert eine Vermischung von Berufs- und Privatleben. Arbeitszeit nimmt mehr Raum im Leben der Arbeitenden ein, der mit Lebenszeit bezahlt werden muss. Außerdem führen neue Arbeitskonzepte der räumlichen Entgrenzung dazu, dass von zu Hause weitergearbeitet werden kann. Insgesamt kommt es zu einem Bedeutungswandel der Arbeit, wodurch Erwerbspersonen der Arbeit in ihrem Privatleben eine bedeutsame Rolle zuschreiben.

Subjektivierung und eine damit einhergehende Entgrenzung der Arbeit wird mit ambivalenten Folgewirkungen für Erwerbstätige beschrieben. Der doppelte Subjektivierungsprozess führt zu neuen betrieblichen und individuellen Veränderungen, wodurch entweder positive oder negative Folgewirkungen für Arbeitende einhergehen. Auf der einen Seite stehen Chancen zur Geltendmachung individueller Ansprüche und Kompetenzen, auf der anderen Seite stehen Gefahren der Überforderung. Neuartige Anforderungen führen zu neuen Belastungen, die negative Folgewirkungen mit sich bringen können.

Als empirische Grundlage wurden die Daten des Fehlzeitenreports 2012 herangezogen, die gezeigt haben, dass Beschäftigte entgrenzte Arbeitsverhältnisse ebenfalls als ambivalent beschreiben. In Abhängigkeit der wahrgenommenen Intensität und der selbstständigen Berufswahl bewerten Beschäftigte die Entgrenzungsdimensionen positiv oder negativ. Erwerbspersonen werden durch eine Entgrenzung der Arbeit vor neue Herausforderungen gestellt, deren Bewältigung neue Ressourcen verlangt und vermehrt Beschäftigte überfordert. Daraus resultierende Konsequenzen sind negative körperliche und psychische Beschwerden. Sind die Arbeitenden den neuen Anforderungen gewachsen, so kommt es zu einer positiven Bewertung der Entgrenzung. Da entgrenzte Arbeitsverhältnisse verbreitet als negativ thematisiert werden, stellt sich die Frage, was Menschen in solchen Arbeitsverhältnissen motiviert bzw. welche Faktoren der Arbeit deren Motivation beeinflussen.

Normative Subjektivierung erzeugt neuartige Ansprüche an die Arbeit, welche durch die individuelle Bedeutung und Wirkung der Arbeit beeinflusst werden. Arbeit hat nicht nur monetäre, sondern auch psychische und soziale Auswirkungen auf die Erwerbspersonen. Monetäre Aspekte der Arbeit wirken als extrinsische Motivation, während die Kennzeichen der Arbeitstätigkeit in Bezug auf die Bedürfnisse der Arbeitenden zu intrinsisch motiviertem Verhalten führen.

Die arbeitspsychologischen Konzepte der Arbeitsmotivation, Arbeitszufriedenheit, Belastung und Beanspruchung, Identifikation und Commitment wurden als Erklärungen für arbeitsbezogenes Verhalten herangezogen und der Versuch unternommen, diese Theorien auf entgrenzte Arbeitsverhältnisse zu beziehen.

Eine motivationale Erklärung intrinsischer Motivation ist die Motivtheorie. Das durch die Arbeitstätigkeit forcierte Motiv muss bei den Arbeitenden entsprechend stark ausgeprägt sein, damit es Auswirkungen auf das Verhalten hat. Entgrenzte Arbeitsverhältnisse sprechen das Neugier-, Leistungs- und Anschlussmotiv an. Je nach Arbeitstätigkeit werden diese Motive unterschiedlich stark gefordert, wodurch in Abhängigkeit der motivationalen Ausrichtung der Beschäftigten intrinsisch motiviertes Verhalten erklärt werden kann. Ebenso erfüllen entgrenzte Arbeitsverhältnisse – entsprechend der Selbstbestimmungstheorie – die drei menschlichen Grundbedürfnisse nach Autonomie, Selbstbestimmung und sozialem Bezug. Die Motivausprägungen und –konstellationen sind dabei zwar individuell unterschiedlich, jedoch Folge gesellschaftlicher Einflüsse. Die VIE-Theorie erklärt die Arbeitsausführung mit negativen Folgewirkungen auf Grundlage individueller Fehlentscheidungen, die durch Entgrenzung von Arbeit verstärkt werden kann.

Das arbeitspsychologische Konzept der Arbeitszufriedenheit thematisiert den Zusammenhang von betrieblichen Rahmenbedingungen und dem Verhalten der Erwerbspersonen. Dabei resultiert Arbeitszufriedenheit aus einer positiven Bewertung dieser Arbeitsbedingungen. Inhaltliche Aspekte der Arbeit (analog des Job-Characteristic-Modells) erzeugen demnach intrinsisch motiviertes Handeln und Arbeitszufriedenheit. Das Bruggemann-Modell zur Arbeitszufriedenheit erfasst zusätzlich kognitive Aspekte, die auf die Zufriedenheit wirken. Arbeitszufriedenheit ist der Theorie entsprechend die Folge aus der Wahrnehmung der betrieblichen Umwelt und der eigenen Interessen. Die verschiedenen Stufen der Arbeitszufriedenheiten sind dabei in hohem Maße abhängig von den individuellen Ressourcen und Einstellungen der Arbeitenden.

Die individuellen Ressourcen sind weiterhin dafür verantwortlich, ob die Arbeitstätigkeit als beanspruchend oder belastend wahrgenommen wird. Eine funktionale Passung zwischen eigenen Ressourcen und wahrgenommen Arbeitsanforderungen führt zu positiven Folgewirkungen. Kommt es jedoch zu einem Mismatch zwischen beiden Aspekten entsteht eine Fehlbeanspruchung. Damit einhergehen weitreichende negative Konsequenzen für die Erwerbspersonen. Belastungen in entgrenzten Arbeitstätigkeiten entstehen unkontrolliert in Form einer Eigenverantwortlichkeit bei zeitlich, räumlich und inhaltlicher entgrenzter Arbeitsausführung. Daraus resultiert, dass vermehrt die Gefahr besteht, dass die Vielzahl an Belastungen die individuellen Ressourcen bzw. Kompetenzen der Arbeitenden übersteigen und so zu Fehlbeanspruchung führen. Eine verbreitete Folge daraus ist ein Stressempfinden. Mögliche Stressoren werden durch entgrenzte Arbeitstätigkeiten verstärkt. Wie Erwerbspersonen mit diesem Stressempfinden umgehen, hängt wiederum von individuellen Dispositionen ab.

Es wurde gezeigt, dass organisationale Identifikation auch in entgrenzten Arbeitsverhältnissen von Relevanz ist. Diese beruht auf einer Selbstzuschreibung mit der Organisation, wodurch spezielle Verhaltensweisen zugunsten der organisationalen Ziele ausgelöst werden. Die arbeitspsychologischen Ausführungen zur Bedeutung und Wirkung der Arbeit unterstreichen den Wertewandel gegenüber der Erwerbsarbeit. Die Berufsrolle erhält einen besonderen Stellenwert innerhalb der personalen Identität, wodurch organisationale Identifikation begünstigt wird. Durch organisationale Identität ausgelöstes Verhalten kann als Erklärung neuartiger Arbeitsphänomene wie der interessierten Selbstgefährdung dienen.

Auch in entgrenzten Arbeitsverhältnissen legen Unternehmen Wert auf Commitment gegenüber der Arbeit. Bei der Entstehung von Commitment kommt es auf wahrgenommene Merkmale der Arbeit an. Somit hat normative Subjektivierung einen Einfluss auf das Commitment der Arbeitenden, denn nur dann, wenn subjektive Ansprüche in der Arbeit verwirklicht werden können, wird die Arbeit interessant und wertvoll erscheinen. Demnach ist Commitment ein Resultat umgesetzter subjektiver und psychologischer Ansprüche der Arbeitenden. Sowohl starke organisationale Identifikation, als auch hohes Commitment haben Einfluss auf die Motivation der Erwerbstätigen in entgrenzten Arbeitsverhältnissen.

Die Darstellung verschiedener arbeitspsychologischer Konzepte hat gezeigt, welche Einflüsse auf das Verhalten von Erwerbspersonen wirken und Motivation hervorrufen können. Dabei wird deutlich, dass die Bewertung der Arbeitstätigkeit stark mit persönlichen Dispositionen der Arbeitenden in Verbindung steht. Die theoretische und empirische Ambivalenz beruht somit auf den unterschiedlichen Ausprägungen arbeitsrelevanter Merkmale bei Erwerbspersonen. Eine allgemeine Antwort auf die Frage, was Erwerbstätige in entgrenzten Arbeitsverhältnissen motiviert, ist somit nur bedingt möglich. So beeinflusst insbesondere die Passung arbeits- und betrieblicher Merkmale und individuellen Ressourcen und Kompetenzen intrinsisch motiviertes Handeln. Entgrenzte Arbeitsverhältnisse bieten einerseits im Vergleich zu klassischen Arbeitsverhältnissen mehr Möglichkeiten, eine solche Passung zwischen individuellen Voraussetzungen und betrieblichen Gegebenheiten herzustellen, andererseits sind neuartige Phänomene innerhalb der Arbeit hinzugekommen, die auch die Gefahr eines Mismatches zwischen Ressourcen und Kompetenzen der Arbeitenden und betrieblichen Anforderungen darstellen können. Dies setzt eine genauere Betrachtung der Eigenschaften der einzelnen Arbeitnehmenden seitens der Arbeitgebenden voraus und die die Arbeitenden müssen ihre eigenen Wünsche und Ansprüche an die Arbeitstätigkeit klar und häufig äußern.

Weitere Forschung könnte im Bereich der Arbeitspsychologie dem Neugiermotiv gewidmet werden. Insbesondere die Tatsache, dass neuartige bzw. entgrenzte Arbeitsverhältnisse im großen Maße Wert auf Eigenständigkeit und Kreativ legen, verdeutlicht, dass diesem Motiv in der heutigen Arbeitswelt große Bedeutung zugeschrieben werden kann. Es könnte nach möglichen Anreizen geforscht werden, die besonders Mitarbeitende mit niedrig ausgeprägtem Neugiermotiv dazu veranlassen intrinsisch motiviert zu handeln. Weiterhin könnte eine soziologisch-, arbeitspsychologische Interdisziplinärforschung Prozesse erforschen, die Menschen dazu veranlassen, der Entgrenzung in der Arbeit neue Grenzen zu setzen.

9. Literaturverzeichnis

Badura, B., Ducki, A., Schröder, H., Klose, J., & Meyer, M. (Eds.) (2012): *Fehlzeiten-Report 2012: Gesundheit in der flexiblen Arbeitswelt: Chancen nutzen-Risiken minimieren*. Springer.Heidelberg.

Baethge, M. (1991): Arbeit, Vergesellschaftung, Identität—Zur zunehmenden normativen Subjektivierung der Arbeit. In: *Soziale Welt*, S. 6-19.

Baethge, M. (1994): Arbeit 2000. Wie Erwerbsarbeit Spaß macht–Arbeitsansprüche der Beschäftigten als Herausforderung für die Gewerkschaften. In: *Gewerkschaftliche Monatshefte* (45), 12, S. 711-733.

Bruggemann, A., Groskurth, P. & Ulich, E. (1975): *Arbeitszufriedenheit*. Bern: Huber.

Böhle, F. (2002): Vom Objekt zum gespaltenen Subjekt. In: Moldaschl, M., Voß, G. (Hg.) *Subjektivierung von Arbeit*. S. 115- 149. München, Mering.

Böhne, A., Breutmann, N. (2012): Flexibilisierung der Arbeitswelt aus Unternehmenssicht: Chancen und Risiken für Arbeitgeber und Arbeitnehmer. In: Badura, B., Ducki, A., Schröder, H., Klose, J., & Meyer, M. (Eds.) (2012): *Fehlzeiten-Report 2012: Gesundheit in der flexiblen Arbeitswelt: Chancen nutzen-Risiken minimieren*. Springer.Heidelberg, S. 23-27.

Clasen, J. (2012): Flexibel ohne Grenzen? – Belastungen, Anforderungen und Ressourcen von Freelancern. In: Badura, B., Ducki, A., Schröder, H., Klose, J., & Meyer, M. (Eds.) (2012): *Fehlzeiten-Report 2012: Gesundheit in der flexiblen Arbeitswelt: Chancen nutzen-Risiken minimieren*. Springer.Heidelberg, S. 97-106.

Deci, E. L., & Ryan, R. M. (2000): The" what" and" why" of goal pursuits: Human needs and the self-determination of behavior. In: *Psychological inquiry*, *11*(4), S. 227-268.

De Moura, G.R., Abrams, D., Retter, C., Gunnarsdottir, S., Ando, K. (2009): Identification as an organizational anchor: How identification and job satisfaction combine to predict turnover intention. In: *European Journal of Social Psychology*. 39. S. 540-557.

Dettmers, J., Vahle-Hinz, T., Friedrich, N., Keller, M., Schulz, A., Bamberg, E.(2012): Entgrenzung der täglichen Arbeitszeit – Beeinträchtigungen durch die ständige Erreichbarkeit bei Rufbereitschaft. In: Badura, B., Ducki, A., Schröder, H., Klose, J., & Meyer, M.

(Eds.) (2012): *Fehlzeiten-Report 2012: Gesundheit in der flexiblen Arbeitswelt: Chancen nutzen-Risiken minimieren.* Springer.Heidelberg, S.53-59.

Donovan, J. J. (2001): Work motivation. In: *Handbook of industrial, work and organizational psychology*, 2, S. 53-76.

Ellemers, N., de Gilder, D., van den Heuvel, H. (1999): Self-categorisation, commitment to the group and self-esteem as related but distinct aspects of social identity. In: *European Journal of Psychology*, 29, S. 371-389.

Faust, M. (2002): Der „Arbeitskraftunternehmer "–eine Leitidee auf dem ungewissen Weg der Verwirklichung. In: Kuda, E., Strauß, J. (Hg.): *Arbeitnehmer als Unternehmer.* Hamburg. VSA, S. 56-80.

Felsch, C. (2006): *Subjektivierung von Arbeit. Unterschiede subjektivierter und nicht-subjektivierter Arbeit.* Grin. Norderstedt.

Glißmann, W. (2002): Der neue Zugriff auf das ganze Individuum–Wie kann ich mein Interesse behaupten. In: Manfred Moldaschl und G. Günter Voß (Hg.): *Subjektivierung von Arbeit.* München ua: Hampp, S. 255-274.

Gloger, T. (2008): *Arbeitszufriedenheit im Kontext der Vereinbarkeit von Familie und Beruf in Europa* (Doctoral dissertation, lmu).

Greif, S. (1991): Stress in der Arbeit. Einführung und Grundbegriffe. In: Greif, S., Bamberg, E., Semmer, N. (Hrsg.) (1991): *Psychischer Stress am Arbeitsplatz*. Göttingen. Hogrefe.

Grotheer, M., & Struck, O. (1975): Beschäftigungsstabilität: Entwicklung und Arbeitszufriedenheit. In: *Ergebnisse aus der IAB-Beschäftigtenstichprobe*, 1997, S. 300-328.

Gunkel, J. (2010): *Formen der Arbeitszufriedenheit und Kreativität* (Doctoral dissertation, München, Techn. Univ., Diss., 2010).

Heidenreich, M., & Braczyk, H. J. (1996): Chancen durch Wertewandel. In: Bullinger, H.J, Warnecke, H.J. (Hg.): *Neue Organisationsformen im Unternehmen.* Berlin u.a., S. 162-176.

Heckhausen, H. (1989): *Motivation und Handeln.* 2. Aufl. Berlin. Springer.

Holtgrewe, U. (2002): Anerkennung und Arbeit in der Dienst-Leistungs-Gesellschaft. Eine identitätstheoretische Perspektive. In: Moldaschl, M., Voß, G. (Hg.): *Subjektivierung von Arbeit.* München, Mering, S. 211-234.

ISO, D. (2000). DIN EN ISO 10075-1. *Ergonomische Grundlagen bezüglich psychischer Arbeitsbelastung,* Teil 1: Allgemeines und Begriffe.

Jensen, A. (2000): Abschied von der Stechuhr. (Süddeutsche Zeitung vom 16.10.2000, Beilage „Bildung und Beruf) In: *Manfred Moldaschl und G. Günter Voß (Hg.), Subjektivierung von Arbeit.* München ua: Hampp, S. 300-303.

Kleemann, F., Matuscheck, I., Voß, G. (1999): Zur Subjektivierung von Arbeit. In: *Papers der Querschnittsgruppe Arbeit & Ökologie,* Wissenschaftszentrum Berlin für Sozialforschung. S. 99-512.

Kleinbeck, U., & Kleinbeck, T. (2009): *Arbeitsmotivation: Konzepte und Fördermaßnahmen.* Pabst Science Publishers.

Krause, A., Drosemagen, C., Stadlinger, J., Baeriswyl, S. (2012): Indirekte Steuerung und interessierte Selbstgefährdung: Ergebnisse aus Befragungen und Fallstudien. Konsequenzen für das Betriebliche Gesundheitsmanagement. In: Badura, B., Ducki, A., Schröder, H., Klose, J., & Meyer, M. (Eds.) (2012). *Fehlzeiten-Report 2012: Gesundheit in der flexiblen Arbeitswelt: Chancen nutzen-Risiken minimieren.* Springer.Heidelberg, S. 191-201.

Kratzer, N. (2003): *Arbeitskraft in Entgrenzung: grenzenlose Anforderungen, erweiterte Spielräume, begrenzte Resourcen* (Vol. 48). edition sigma.

Kratzer, N., Boes, A., Döhl, V., Marrs, K., & Sauer, D. (2004). Entgrenzung von Unternehmen und Arbeit–Grenzen der Entgrenzung. In: Beck, U., Lau, C. (Hrsg.): *Entgrenzung und Entscheidung. Was ist neu an der Theorie reflexiver Modernisierung,* S. 329-359.

Krohne, H. W. (1997): Streß und Streßbewältigung. In: Schwarzer, R.(Hg.): *Gesundheitspsychologie,* S. 267-283. Hogrefe.

Pongratz, H. J., Voß, G. (2003): *Arbeitskraftunternehmer.* Ed. Sigma. Berlin.

Reindl, J. (2000): *Scheinselbstständigkeit.* Leviathan, 28(4), S. 413-433.

Renn, R. W., & Vandenberg, R. J. (1995): The critical psychological states: An underrepresented component in job characteristics model research. In: *Journal of Management*, *21*(2), S. 279-303.

Schuler, H. (1995): *Lehrbuch Organisationspsychologie*. Bern u.a. Huber.

Semmer, N., Udris, I. (1995): Bedeutung und Wirkung von Arbeit. In: Schuler, H. (1995) (Hrsg.): *Lehrbuch Organisationspsychologie*. S. 133- 161.

Thomae, H. (1965): Zur allgemeinen Charakteristik des Motivationsgeschehens. *Motivation. Handbuch der Psychologie, Bd*, *3*, S. 45-122.

Ulich, E. (2001): *Arbeitspsychologie* (5., vollständig überarbeitete und erweiterte Aufl.). Zürich: vdf Hochschulverlag an der ETH Zürich.

Voß, G., Pongratz, H. (1998): Der Arbeitskraftunternehmer. Eine neue Grundform der Ware Arbeitskraft?, In: *Kölner Zeitschrift für Soziologie und Sozialpsychologie*, 50, S. 131-158.

Voß, G. G. (1998): Die Entgrenzung von Arbeit und Arbeitskraft. In: *Mitteilungen aus der Arbeitsmarkt-und Berufsforschung*, *31*(3),S. 473-487.

Vroom, V. H. (1964): *Work and motivation*.

Minssen, H. (1999): *Von der Hierarchie zum Diskurs?*. Hampp.

Moldaschl, M., Voß, G. (2003): *Subjektivierung von Arbeit*. München, Mering.

Moldaschl, M (2002): Subjektivierung von Arbeit – Eine neue Stufe in der Entwicklung der Arbeitswissenschaften? In: Moldaschl, M., Voß, G. (Hg.) *Subjektivierung von Arbeit*. S. 25-57. München, Mering.

Nerdinger, F. W., Blickle, G., & Schaper, N. (2011): *Arbeits-und Organisationspsychologie*. Springer.

Tigotti, T., Baethge, A., Freude, G. (2012): Arbeitsunterbrechungen als tägliche Belastungsquelle. . In: Badura, B., Ducki, A., Schröder, H., Klose, J., & Meyer, M. (Eds.) (2012). *Fehlzeiten-Report 2012: Gesundheit in der flexiblen Arbeitswelt: Chancen nutzen-Risiken minimieren*. Springer.Heidelberg. S.61-70.

Van Dick, R. (2004): *Commitment und Identifikation mit Organisationen*. Göttingen, Bern, Toronto, Seattle: Hogrefe.

Wagner, P. (1995): *Soziologie der Moderne*, Frankfurt u.a.

Weis, C. (2012): Subjektivierte Selbstsorge als Bewältigungsstrategie. In: Badura, B., Ducki, A., Schröder, H., Klose, J., & Meyer, M. (Eds.) (2012). *Fehlzeiten-Report 2012: Gesundheit in der flexiblen Arbeitswelt: Chancen nutzen-Risiken minimieren*. Springer.Heidelberg. S. 203-209.

Witte, E.H. (2002): *Sozialpsychologie wirtschaftlicher Prozesse: Beiträge des 17. Hamburger Symposions zur Methodologie der Sozialpsychologie*. Lengerich: Papst Science Publishers.

Wolf, H., Mayer-Ahuja, N. (2002): „Grenzen der Entgrenzung von Arbeit "–Perspektiven der Arbeitsforschung. In: *SOFI-Mitteilungen*, *30*(2002), S. 197-206.

Zok, K., Dammasch, H. (2012): Flexible Arbeitswelt: Ergebnisse einer Beschäftigtenbefragung. In: Badura, B., Ducki, A., Schröder, H., Klose, J., & Meyer, M. (Eds.) (2012). *Fehlzeiten-Report 2012: Gesundheit in der flexiblen Arbeitswelt: Chancen nutzen-Risiken minimieren*. Springer.Heidelberg. S. 39-52.

10. Abbildungsverzeichnis

Printed in Poland
by Amazon Fulfillment
Poland Sp. z o.o., Wrocław

73837342R00043